KB044426

파이팅 대신 OWN IT!

애쓰지 않고 분위기를 이끄는 영어 한마디

파이팅 대신 OWN IT!

own it ;
지금 이 순간, 자신 있게!
원하는 것을 내 것으로 만드는 주문

김엔젤라 지음

넥스토

일러두기

- 영화 제목과 배우 이름은 국내 영화 포스터를 참고해 표기했습니다.
- 영어 표현의 따옴표는 최대한 생략했습니다. 단, 직접 인용에는 " "를, 흔히 잘못 사용하는 영어 표현에 ' '를 사용해 구별했습니다.
- 차례 페이지는 해당 내용을 간략히 보여주는 영어 한마디 페이지수에 맞춰 표기했습니다.

이 책은 영어 공부책이 아니다. 초·중·고에서 영어 과목 수업을 들었고, 취업을 위해 토익, 토플, 오픽 등의 시험을 보았거나, 영어를 잘하고 싶은 마음에 단어장, 문법책, 회화책을 구매한 적이 있다면, 이제 그런 공부는 그만하자고 권하고 싶다. 이미 우리 머릿속에 많은 단어와 기본 표현이 있다. 적절한 타이밍에 자연스럽게 말하지 못할 뿐, 공부한 것을 미처 떠올리기도 전에 '빨리 빨리' 성능 좋은 번역기에 의지할 뿐, 영어를 못하는 게 아니다. 사실 영어를 지금보다 더 잘해야 할 필요가 있을까 싶을 정도로 생활 전반이 편리해졌음에도 '아, 영어 공부해야 하는데' '영어 잘하고 싶다'고 되뇌는 건, 영어가 외국어 그 이상임을 잘 알기 때문이다. 상대방에게 말과 함께 전하는 마음의 울림, 온도 등은 오직 나여야만, 나다운 말이어야만 전할 수 있다. 그런 말은 공부한다고 알 수 없다.

사람은 말 한마디에 울고 웃는다. 나도 이 사실을 생각하며 인터뷰 한마디 한마디에 정성을 다했지만 모든 말을 마음 그대로 전하기 어려운 게 현실이다. 짧으면 3분, 길어야 10분. 10시간 이상 비행기를 타고 날아가 배우와 마주하는 인터뷰 시간은 잔인할 만큼 너무 짧았다. 할리우드 배우가 들려주고 싶은 이야기, 시청자가 듣고 싶은 이야기, 방송 특성상 화제가 될 법한 에피소드 등 담을 것은 너무 많았다. 상대방도 유명 배우이기 전에 사람이라 생전 처음 대화하는 사람과 깊은 이야기를 주고받는 건 어려웠다. 온종일 여러 인터뷰어를 만나며 똑같은 영화 이야기, 식상한 질문들에 답했을 배우들을 마주하는 것도(그들은 늘 언제나 친절했지만) 편하진 않았다. 정성과 운이 잘 맞아 양질의 대화를 나눴더라도 인터뷰 시간보다 더 짧은 방송시간에 맞춰 편집된 것을 보며 아쉬웠다.

지금은 할리우드 전문 인터뷰어에서 좀 더 범위를 넓혀 기업, 대학교 등에서 영어로 잘 말하고 싶은 사람들을 코칭하면서 문득 문득 그때의 마음을 떠올린다. 인터뷰이인 배우와 그의 신작에 대해 많이 조사하고 공부했지만, 카메라 앞에서 긴장해 대본을 새하얗게 잊은 적이 있다. 영어를 배울 만큼 배웠음에도 영어로 말하기가 어려운 마음이 이와 비슷하지 않을까. 내 마음은 이러한데 그것을 100퍼센트 표현하지 못할 때의 답답함, 마음대로 대화가 이어지지 않을 때의 당혹감 등. 안팎으로 말의 한계를 늘 실감하면서도, 그 말 덕분에 마음이 통하는 즐거운 순간들을 잊지 못해 여전히 말하는 사람, 더 잘 말하고 싶은 사람으로 살고 있다. 치열한 고민 끝에 얻은 나름의 결론을 공유하기 위해 이 책을 썼다.

　수백 명의 배우와 현지 관계자들을 만나면서 깨달음 아닌 깨달음을 하나 얻었다. 대화의 분위기는 10초 내에 짧은 한마디로 훅훅 바뀔 수 있다는 것. 때론 본론을 이야기하기도 전에, 쉬는 시간에, 마지막 인사 등 짧은 한마디를 건넸을 뿐인데 배우가 자처해서 정해진 시간을 넘기며 더 대화하고 싶어 하거나 생각지도 못한 깊은 이야기를 들려주기로 했다. 서로의 표정, 제스처, 리액션, 미소가 더해질수록 분위기도 달라졌다. 고군분투해서 공부하고 준비한 것보다 그날, 그때의 상대방에게 집중해야만 나오는 분위기와 이야기가 있었다.

　'상대방에게 집중'하는 게 중요하다. 우리는 이를 자주 잊는다. 상대방의 이야기를 듣고, 나의 이야기를 전하고, 우리의 이야기를 만드는 것. 그게 대화다. 특별한 방법도 없다. 다정하게 인사를 건네고, 가벼운 이야기도 하고, 칭찬 한마디 더하는, 마음을 전하는 그런 대화를 나누면 된다. 첫인상은 별로였지만 이야기해보니 괜찮은 사람이더라, 거절하려고 했는데 막상 대화해보니 승낙하게 되더라 등 돌아보면 이야기 나눴기에 이어진 인연이 있다. 상대방에 대해 단정하지 않고 끝까지 포기하지 않으며 대화하는 한, Start off on the wrong foot. 첫 단추를 잘못 끼우다 같은 일은 일어나지 않는다. 영어를 해야 한다는 두려움, 잘하고 싶다는 욕심에 상대방을 잊지 않는지 돌아보자.

'무슨 말을 해야 할지 모르겠어요' '말이 안 나와요' '분위기가 어색해요' 등 영어로 말할 때 겪는 어려움도 상대방에 초점을 맞추면 어느 정도 사라진다. 어려움을 토로하는 사람을 관찰해보면 영어 공부를 가장한 '대본 외우기'에 익숙하다. 면접용 자기소개 대본, 친목용 자기소개 대본, 취미소개용 대본, 한국문화 소개용 대본 등 학교나 학원에서 달달 외웠던 표현 말이다. 이런 '대본'들이 나쁘다는 게 아니다. 나도 할리우드 배우들을 인터뷰하기 위해 '대본'을 준비했다. 하지만 사람을 만나자마자 본론부터 불쑥 꺼낼 수는 없다. 삶은 대본이 아니니까. 영어로 말하는 게 왠지 어색하고 힘든 일이 된 것도 평소 자신의 습관이나 분위기, 성향과는 동떨어진 '대본'으로 연기하느라 그런 건 아닐까. 상대방이 나의 대본대로 반응하길 바랐는지도 생각해볼 문제다.

부족하더라도, 문화가 다르더라도 진심으로, 사려 깊은 관심을 보이는 사람을 외면할 사람은 없다. 영어권이 아닌 나라에서는 눈빛, 미소, 손짓, 발짓으로 소통하는 걸 이상하게 여기지 않으면서, 유독 영어에서 우리는 완벽해야 한다고 압박한다. 모국어가 아닌 이상 완벽할 수 없다는 것을 기억하고, 상대방의 이야기에 귀기울이며 편안한 마음으로 접근하는 게 더 낫다.

이 책은 배울 만큼 배웠지만 여전히 영어로 말하기 어려운 사람들을 위한 책이다. 여기 담은 말은 흔히 '아이스 브레이킹'에 유용하지만 그것이 전부는 아니다. 사람을 대하는 우리의 마음을 좀 더 생각했다. 어떤 말과 마음을 전하고 싶은지, 그것과 가장 닮은 표현을 고르고 골랐다. 어떤 표현은 우리가 실생활에서 자주 쓰는 말이다. 글로벌 시대를 살며 우리 모두 실감하듯 사람 사는 것, 사람 대하는 마음에는 국경이 없다. '영어는 우리말과 다르지' 하며 두려워했던 마음을 잠시 내려놓고, 그간 외웠던 천편일률적인 표현 대신 가장 자신다운 표현으로 업그레이드했으면 좋겠다.

개인적으로 'Own it!'이라는 말을 좋아한다. 지금 이 순간 자신 있게 이 상황을 내 것으로 '가져! 만들어!'라는 뜻이다. 삶에, 대화에, 맞고 틀린 것은 없다. 가장 나다운 마음과 그 마음 그대로 전하는 말이 있을 뿐. 그 말을 '내 것으로 만들고' 말할 수 있다면 저절로 상대방과 상황도 own it 할 수 있다.

그러니 지금부터, Own it!

차례

Part 6. 평범한 일상에 특별한 순간이 있다
_재미있게 말하기

Part 1.

매 순간 처음을 사니까
매 순간 기회로 삼는다

_자연스럽게 말하기

KBS 〈연예가중계〉 할리우드 전문 인터뷰어로 일하면서 '누구에게나 처음은 있다'는 말을 다시 생각했다. 우리에겐 매 순간이 모두 처음이고, 그런 순간이 모여 삶이 되는 것 아닐까 하고 말이다. 오프라 윈프리나 엘렌 드제너러스처럼 사람의 마음을 두드리는 토크쇼 호스트, 인터뷰어가 꿈이었다. 막연하게 꿈꿨을 뿐 어디서 어떻게 시작할지 몰랐던 시절, 주로 아나운서가 담당했던 할리우드 배우 인터뷰를 전문적으로 할 사람을 찾는다는 소식에 무작정 달려갔다. 오디션을 통해 그 기회를 잡았고, 이제 능숙하고 여유롭고 우아한 전문 인터뷰어로 클 일만 남았다고 생각했다. 스페인에서 영화 〈나잇&데이〉의 주연 배우 톰 크루즈와 카메론 디아즈를 시작으로 세계 각국에서 많은 인터뷰를 하면서 능숙… 해졌다기보다는, 매 순간이 처음인 것처럼 떨리고 신나고 다르고 정신없다. 다행인 건 '매 순간 처음'이라는 사실을 받아들이자 새로운 사람들을 만나며 좀 더 넓어지는 내 세계를 점점 즐길 수 있었다는 것이다.

그 변화는 '처음'의 순간을 좀 더 앞당기면서 시작됐다. 흔히 사람을 만날 때 첫 순간은 첫인사를 나누는 때라고 생각한다. 어떤 인터뷰어는 배우의 시선과 마음을 사로잡고자 배우가 열연한 캐릭터로 분장하거나 선물을 건넨다. 나도 처음에 어떻게 해야 인터뷰의 흐름을 주도할 수 있을지, 연예정보 프로그램이라는 특성상 소위 '빵 터지는' 무언가를 만들어야 한다는 압박에 시달리며 아이디어를 궁리하고, 무슨 말을 할지 고민했다. 하지만 현장에서는 대부분 소용 없었다. 인터뷰는 주로 정킷junket 인터뷰였다. 영화사에서 신작 홍보를 위해 기자, 인터뷰어 등을 초청한 자리다. 주로 대형 영화사의 지사가 있는 도시나 영화의 주 촬영지에서 진행되는데, 현장이 어수선해 인사말을 우아하게 건네기 힘들다. 심지어 몇몇 인터뷰이는 카메라 녹화 버튼이 켜지기 전까지 나를 투명인간처럼 대하다가 슛이 들어가면 미소 지으며 대화하고, 카메라가 꺼지면 기계의 OFF 스위치를 누른 것처럼 자신의 영혼도 꺼버리곤 했다. 그가 나쁘다는 게 아니라 그만큼 대화 현장을 예측할 수 없다는 뜻이다. 준비해간 첫인사를 제대로 하지 못했거나, 일정이 빠르게 돌아가 기계처럼 일하고 온 날에는 무사히 방송에 내보냈다는 결과와는 상관없이 허무했다.

그래서 첫인사를 나누기 전 현장에 도착하는 순간부터 인터뷰가 시작된다고 여겨봤다. 늘 그렇듯 어수선하지만 혹시 다른 일이 있는지, 인터뷰 일정이 지연되고 있다면 배우 때문인지

다른 상황 때문인지 알아봤다. 그런 분위기 속에서 저 멀리 보이는 배우가 어떤 기분일지, 오늘은 어떤 모습인지, 영화 속 캐릭터와는 얼마나 다르고 비슷한지 등 대화할 상대방을 먼저 생각했다. 영화를 홍보하는 인터뷰 날이니만큼 신경 써서 멋있게 꾸민 그에게 칭찬을 건네거나, 시간이 좀 더 있다면 진심 어린 인사를, 좀 더 있다면 안부를 물었다. 한두 마디였을 뿐인데 상대방도 기운을 차리거나 흥미를 보이고, 나도 조금은 더 용감해졌다. 시선을 맞추며 바다 같은, 사파이어 같은 눈동자 색을 새삼 발견하기도 하고, 한국에서는 어색하게 느껴지는 포옹이나 볼을 가까이 대는 행동도 누가 먼저랄 것 없이 자연스럽게 됐다. 아무도 보고 있지 않지만 그와 나만이 공유하는 이 시간은 백 마디 말보다 더 강렬하고 값졌다.

'Hi! Hello! Nice to meet you, Nice to meet you, too, How are you? I'm fine, thank you, and you? Fine, thank you.'처럼 줄줄 외웠던 이 말로는 그런 값진 시간을 가질 수 없다. 이 말 그대로 우리말로 인사를 나눈다고 상상해보면 이해하기 쉽다. '안녕하세요, 네 안녕하세요, 만나서 반갑습니다, 저도 만나서 반가워요, 요즘 어때요? 좋아요, 고마워요, 당신은요? 네 저도 좋아요.' 틀린 인사말은 아니지만, 어색하고 딱딱해서 더 이상

대화가 이어지지 않는 분위기가 된다. 이런 표현으로 반가운 내 마음을, 관심 어린 애정을 전할 수도 없음은 물론이다. 이번 장에서는 이런 표현을 대체할 수 있는, 만국공통어인 미소와 아이콘택트와 더욱 잘 어울리는 좀 더 진심 어린 표현을 담았다. 생각보다 많은 말들이 필요하지 않을 것이다.

Your eyes are so beautiful.

사람을 만났는데 무슨 말을 해야 할지 모를 때가 있다. 처음 만난 사람과 기분 좋은 대화의 물꼬를 트고 싶을 때, 유쾌한 대화의 시작 버튼을 누르고 싶을 때, 정적이 흐르며 소위 '마가 뜨는' 상황에서 분위기를 살려줄 무언가가 필요하다. 그럴 때 칭찬 한마디를 건네자. 단, 상대방의 키나 얼굴 생김새 등 외모보다는 신경 쓴 듯한 패션 아이템을 찾아 칭찬하는 것이 포인트다. 가볍지만 진심 어린 호감을 전할 수 있다.

That shirt looks good on you.

노력을 알아주는 게 진짜 칭찬이다

_톰 크루즈처럼 칭찬하자

첫 인터뷰 때의 설렘은 아직도 생생하다. 낭만과 열정이 가득한 스페인의 세비야에서 두 스타를 만나기로 예정돼 있었다. 평소 팬으로서 좋아한 '미션 임파서블' 시리즈의 톰 크루즈와 〈로맨틱 홀리데이〉의 카메론 디아즈. 모든 것이 새로운 초보 인터뷰어였던 나는 그들을 실제로 만난다는 긴장감에 인터뷰지를 외우고 그들에 대해 공부하느라 밤새는 줄 몰랐다. 대부분의 인터뷰는 주로 고급 호텔 스위트룸에서 배우와 마주 보고 앉아 진행하는데, 영화 〈나잇&데이〉 인터뷰는 색다른 환경에서 진행됐다. 액션씬이 많은 영화인 만큼 실제 촬영 장소인 세비야의 스페인 광장 한복판에서 자동차 추격씬을 재연하며 좀 더 생동감을 전할 예정이었다. 인터뷰는 통유리로 된 스튜디오에서 진행하기로 했다. 수많은 스태프, 차를 들어 올릴 중장비, 묘기에 가까운 액션을 선보이는 스턴트맨, 구경하러 나온 사람 등에 둘러싸인 현장은 부산스러웠다. 그 와중에도 먼저 도착해 있던 톰 크루즈가 눈인사로 반겨줬다. 영화에서 보던 그가 눈앞에 서 있다니! 꿈인지 현실인지 구분이 안 될 정도로 황홀했다.

몇 날 며칠을 준비해간 첫 인터뷰, 스태프가 나를 소개하고 착석하면 바로 인터뷰가 진행돼야 했지만 영화 속 장면을 재연해야 할 자동차에 문제가 생겼다고 했다. 돌발상황에 사람들이 우왕좌왕하기 시작했고, 그 산만한 분위기 속에서 그와 단둘이 마주 보고 있어야 했다. 사람을 만나 이야기하는 걸 좋아하지만, 상대는 톰 크루즈! 부산스러운 와중에도 적막이 흐를 수 있었다. 심장은 터질 것 같았고 둘만의 몇 분은 한 시간처럼 느껴졌다. 무슨 말이라도 해볼까 초조해하는 나에게 그가 먼저 나긋하고 자상한 목소리로 말했다.

Hey, I really like your shoes!

Thank you, I got a new pair to celebrate my very first interview with you!

Haha, They look great.

Thank you so much, I love your outfit, too.

신발이 멋지네요!

감사해요, 당신과 하는 생애 첫 인터뷰를 기념하려고 새 신발을 사서 신고 왔어요!

하하, 멋져 보여요.

정말 감사해요, 오늘 의상 참 멋져요.

그렇게 서로를 향한 칭찬 한마디로 분위기는 화기애애해졌고 본격적인 인터뷰에서도 진정된 마음으로 편안하게 이야기할 수 있었다. 월드스타 톰 크루즈라는 현실을 떠나 친절한 사람을 만나 유쾌한 수다를 떤 기분이었는데, 그가 건넨 칭찬 한마디가 인상적이었기 때문이다. 그날 내가 신었던 구두는 첫 해외 인터뷰를 간다고 엄마가 사주신 소중한 선물이긴 했지만 그렇게 멋지거나 화려하진 않았다. 그런데도 톰 크루즈는 신발을 콕 짚어 칭찬 한마디를 건넸다. 사람을 바라봤을 때 바로 보이는 아이템도 아니고, 시선을 아래로 내리는 번거로움(?!)을 겪으면서까지 굳이 왜 신발을 칭찬했을까? 상대방이 신경 쓴 듯한, 노력한 부분을 알아봐주는 게 칭찬이라고 생각하기 때문이다.

우리 문화에서는 상대방에게 기분 좋은 한마디를 건네기 위해 또는 분위기를 띄우기 위해 '예쁘시네요' '잘생겼네요' '얼굴이 작으시네요' '늘씬하네요' '눈이 참 크군요' '코가 오똑해 베일 것 같아요' 등 외모와 관련된 칭찬을 종종 한다. 좋은 마음으로 건넨

파이팅 대신 OWN IT!

말이지만, 영어권에서는 의도를 헤아릴 필요조차 없이 적절치 않은 말이라고 여긴다. '내가 어떻게 생겼는지, 나의 몸매가 어떤지 왜 당신이 코멘트를 하나요?'라고 생각하거나 '굳이? 연인도 아닌데?' 하고 어색해한다. 정말 친한 사이라서 허물없이 이야기를 주고 받을 때나 이성 간에 서로 호감을 표현하려는 경우가 아니라면 패션 아이템 등 그 사람이 노력한 부분에 대해 칭찬하는 게 정석이다. 실제로 처음 본 톰 크루즈의 첫인상은, 눈동자가 어찌나 그렇게 맑고 푸른지 눈속에 바다가 들어 있는 것 같았다. 하지만 내가 그런 말을 불쑥 그에게 건넸다면? 아무리 친절한 톰 크루즈여도 분위기는 어색해졌을 것이다.

비슷한 예로 최근 운동을 즐기는 사람들이 늘면서 서로 격려하는 마음에 몸매를 칭찬하곤 하는데, 이를 그대로 You have a nice body. 몸매가 좋다라고 말하면 오해를 불러일으킬 수 있다. 칭찬보다는 치근덕대는 느낌이 더 강한 말이기 때문이다. 그의 외모보다 그런 몸을 만들고 관리하는 노력을 알아주면 된다. You look like you're in great shape! / Have you been working out? / You look fit! 운동 열심히 하시나 봐요, 몸이 탄탄해 보이네요라는 말을 건네면 좋다.

상대방의 노력을 알아주는 게 칭찬의 포인트다. 상대방이 무엇을 입고, 걸치고, 신었는지 관심을 보이는 게 오지랖 같고,

쓸데없이 참견하는 것처럼 느껴질 수도 있다. 그렇다면 반대로 상대방의 무엇을 칭찬하는 게 좋을지 한번 생각해보자. 훌륭한 작품을 선보이는 등 가시적인 성과에 대해? 이미 많은 사람에게 칭찬받았을 테고, 한 해에 몇 번 이룰 수 없는 성과이니만큼 칭찬을 건넬 기회가 적다. 친절한 마음이나 기발한 생각 등 눈에 보이지 않아 세심하게 주의를 기울여야 하는 걸 칭찬하기는 더 어렵다. 오지랖이나 참견 아닐까 하고 머뭇거리는 사이 칭찬에 인색한 사람이 되어 간다.

Cool Shirt! 멋진 셔츠네요, Love your earrings! 귀걸이가 예뻐요 같은 간단한 칭찬은 오해 없이 가볍고, 일상적으로 상대방에게 호감과 관심을 표현할 수 있다. 미국에서 길을 거닐 때나 영화 속 한 장면에서 분명 서로 낯선 사람인데 불쑥 Hey, cool shirt. 멋진 셔츠네요, Nice coat! 코트가 멋져요 하며 칭찬하고 가는 행인 때문에 어깨가 으쓱했던 적 또는 그 모습에 당황했던 적이 있을 것이다. 처음 만난 외국인이 내가 하는 귀걸이부터 신고 있는 구두 등에 칭찬하는 것도 종종 들을 수 있다. '뜬금없이 갑자기?'라고 생각하기 보다는 칭찬에 후한 다정한 마음으로 받아들이자.

이런 분위기를 잘 활용하면 관계의 시작점을 만들 수 있다. 평소와 다르게 꾸미고 나타난 친구를 보면 흔히 우리는 "어디 좋은 데 가?" 하고 묻는다. 영어로도 What's the occasion? / Why do you look so nice today? / Why are you all dressed up today? 하고 물으며 스몰토크를 시작할 수 있다. 여행 숙소 엘리베이터에서 낯선 누군가를 마주칠 때도 마찬가지다. 엘리베이터 안에서 정적 속에 상대방에게 Nice hat! 모자가 멋지네요 하며 칭찬 한마디 건네보는 것은 어떨까? 또는 한국으로 출장을 온 외국인 직원과 마주 앉아 회의를 기다리며 대화를 하기도, 안 하기도 애매한 어색한 순간에 칭찬해보자. 그 사람이 오늘 특별히 신경 쓴 듯한 아이템을 캐치하면 특별한 인상을 심어줄 수도 있을 것이다. 반대로 누군가 칭찬 한마디를 건네온다면 우리 식으로 "어휴, 아니에요~" 대신 Thank you. 하며 상대방에게도 칭찬 한마디 건네보는 센스를 발휘해보자.

상대방이 평소 신경 쓰는 패션 아이템은 무엇인가요?

☐ Cool earrings! 귀걸이 멋있다!

☐ Those earrings look good on you. 귀걸이가 정말 잘 어울려요.

☐ I love your earrings. 귀걸이가 마음에 들어요.

☐ Cool hair! 염색한 것 예쁘다!

☐ I love your hair. 머리색이 예쁘네요.

☐ I love your new hair! Nice hair! 머리 자른 것 잘 어울리네요.

☐ Nice shirt! 셔츠 예쁘네요.

☐ That jacket looks good on you. 재킷이 정말 잘 어울려요.

☐ That tie looks good on you. 넥타이가 잘 어울리네요.

☐ Nice shoes! 신발이 멋지네요.

☐ Those shoes look good on you. 신발이 정말 잘 어울려요.

☐ Love your shoes! Where did you get them?

신발이 멋지네요. 어디서 구했어요?

☐ I really like your shoes! 당신 신발이 맘에 들어요.

☐ You look very nice today. 오늘 멋지시네요!

☐ You look lovely today. 오늘 근사해 보이네요.

☐ What's the occasion? 무슨 일 있어요? (멋있어 보여요.)

☐ Why do you look so nice today? 오늘 왜 이렇게 멋진가요?

☐ Why are you all dressed up today? 왜 이렇게 차려 입었어요?

☐ Red looks good on you. 붉은 색이 잘 어울려요.

☐ I love your outfit. 오늘 의상 참 멋있어요.

☐ You look like you're in great shape!

　　운동 열심히 하시나봐요, 몸이 탄탄해 보이네요.

☐ Have you been working out these days? 요새 운동해요?

☐ You look fit! (몸이) 보기 좋네요.

Hello,
nice to meet you. ___

Nice to meet you. 유명한 대사처럼 사람을 처음 만났을 때 읊는 표현이다.
하지만 이 말로는 부족한 시대다. 처음 만났지만 사실은 처음 만난 게
아니기 때문이다. 이메일이나 SNS, 지인의 소개말 등 간접적으로나마
함께 보낸 시간이 있다. '말씀 많이 들었어요' '드디어 뵙네요' '바쁘실
텐데 나와주셔서 감사해요' 등 그간 보낸 시간만큼 친밀감을 드러내자.

It's good to put a face to the name.

31

첫인사에는 오랜 시간이 쌓여 있다

_레오나르도 디카프리오처럼 인사하자

할리우드 배우들이 영화 홍보를 위해 내한할 경우 인터뷰는 대게 서울의 특급 호텔에서 이루어진다. 방에 들어서면 방송을 위해 준비된 자리에 배우가 앉아 있고, 각 매체가 순서대로 들어가 배우를 만난다. 매체의 대표로 할리우드 배우를 만나는 셈인데 레오나르도 디카프리오를 그렇게 만났을 때는 더욱 특별했다. 오매불망 기다렸던 그의 첫 내한이었던 만큼 많은 관심이 쏠리기도 했고, 개인적으로도 그 이상의 의미였다.

학창 시절 영화관에서 〈타이타닉〉을 13번이나 보면서 매번 눈물을 흘렸고, 그의 사진을 책상 옆에 붙여 놓고 매일 봤다. 클레어 데인즈와 열연한 〈로미오와 줄리엣〉에서 백마 탄 왕자님 같았던 그는, 설레고 잠 못드는 순수한 시절을 함께해준 사람이었다. 그의 아름다운 외모가 전부는 아니었다. 〈레볼루셔너리 로드〉 〈인셉션〉

등 매번 새로운 연기를 보여주며 점점 나은 배우로 거듭나는 그를 보며, 어른으로 성장하기까지 한 시대를 함께해준 그에게 고마웠다. 오스카 남우주연상 후보에만 오르고 번번이 고배를 마셔 '오스카 불운의 아이콘'으로 불릴 때는 내 일처럼 속상했고, 마침내 그가 〈레버넌트〉로 오스카 남우주연상을 받았을 때는 속이 시원할 정도였다. 이런 '찐팬'의 마음을 담아 어떤 첫인사를 건넬지 고민하며 그가 앉아 있는 방에 들어섰다. 실감이 잘 나지 않아 그랬는지, 솔직히 그의 첫인상은 밀랍인형을 보는 것 같았다.

Mr. DiCaprio, It's an honor to meet you today. Welcome to Korea!

Oh, thanks, I'm so happy to finally be here.

만나 뵙게 되어서 정말 영광이에요. 한국에 오신 걸 환영해요.

감사합니다. 저도 마침내 한국에 오게 되어서 정말 기뻐요.

Nice to meet you.로는 충분하지 않았다. 처음 만난 기쁨 외에도 존경심과 약간의 팬심을 전하고 싶었다. 〈타이타닉〉을 수차례 봤던 시간, 그의 신작들을 챙겨봤던 시간, 다양한 캐릭터에 도전하는 그를 응원했던 시간을 전하고 싶었다. 영광이라는 한마디가 제격이었다. 고르고 고른 그 말에는 그의 작품을 보며 수십 번 했을 눈빛과 행동, 들뜬 마음도 담겼을 터였다. 인사를 받아주며 "Finally"라고 말하는 그 또한 한국에 오길 고대했고, 그만큼 즐거운 것 같아 기뻤다.

생각해보면 우리도 다양한 인사말을 주고받는다. 생판 모르다가 처음 만나는 경우는 드물다. 문자, 전화, 이메일로 먼저 연락하다가 나중에야 대면하는 경우도 있고, SNS를 통해 교류하다가 만나는 경우도 심심찮게 볼 수 있다. 처음 만났지만 사실은 어떤 식으로든 서로를 인식하고 교류하며 알아온 셈이다. 함께했던 그 시간을 간단하게 짚기만 해도 처음 만났지만 처음 만난 게 아닌 것처럼 급속도로 가까워질 수 있다.

실제 만난 적은 없이 문자나 이메일로만 소통을 해왔던 상황이라면 Finally! It's good to put a face to the name! / It's wonderful to finally put a face to the name! 이렇게 직접 뵈니 반가워요라며 대화의 물꼬를 터도 좋다. put a face to the name은 익히 들어서 알고 있는 사람을 실제로 보았을 때, 연락만 하다가 만나게 되었을 때 쓰면 좋을 표현이다. 지인의 지인을 소개받는 자리라면 I've heard many good things about you. 말씀 많이 들었어요 또는 Angela said many good things about you. 엔젤라가 얘기 많이 하더라고요라며 대화를 시작할 수 있다. 여기서 잊지 말아야 할 것은 things 앞에 good, great 등의 표현을 넣어 '좋은 의미'라는 것을 밝혀줄 것. 그렇지 않으면 어떤 이야기를 들었다는 건지, 혹시 안 좋은 이야기가 오간 건지, 상대방이 오해할 수도 있다.

비즈니스 미팅 자리에서 좋은 인상을 남기고 싶다면 좀 더 격식 있고 다양한 인사 표현을 활용해야 한다. 일단 우리 회사까지, 우리나라까지 왔다면 Welcome to 회사 이름 또는 Welcome to Korea! 하며 두 팔 벌려 환영해주자. 여기에 더해 I know your company by your great reputation. 귀사에 대해서는 익히 들어 잘 알고 있습니다처럼 격식 있는 표현으로 좋은 인상을 심어주자. 이때도 평판, 명성이라는 뜻의 단어 reputation 앞에는 좋은 의미의 단어 great, wonderful 등을 붙여야 한다. 갑자기 시간을 내어준 상대방에게 고마움을 표현하기 위해서는 on a short notice 갑작스러운 약속에, on a busy schedule 바쁘신 중에 등을 붙여 Thank you for meeting me today on a short notice. 급하게 연락드렸는데 시간 내주셔서 감사합니다라는 마음을 전하자.

덧붙여 우리에게는 익숙하지 않은 포옹, 악수, 볼 뽀뽀 등은 유연하게 받아들이면 좋다. 어학연수를 떠났던 친구가 어느 날 이렇게 물었다. '어떤 사람은 만나면 무조건 껴안으려고 하고, 어떤 애는 만나면 악수만 하고, 어떤 애는 만나면 볼에 키스까지 해서 당황스러워. 뭐가 맞는 거야?' 맞고 틀린 건 없다. 상대방이 선호하는 스타일이 있을 뿐이다. 일단 볼에 키스하는 인사는 유럽 스타일European style이다. 영어권에서도 배우자나 연인, 가족이 아닌 이상 볼 뽀뽀는 잘 하지 않는다. 하지만 상대방이 유럽에서 왔을 수도 있고 그 문화를 좋아하는 사람이라면 볼에 뽀뽀해줄 거다. 그럴 때는 하는 시늉만 하면서 받아주면 된다. 보통은 악수나 포옹을 많이 한다. 악수를 하려고 손을 내밀었는데 I'm a hugger. 전 허그 하는 것을 좋아해요 / 전 허그로 인사하는 스타일이에요 하며 꼭 껴안아주는 사람들도 있다. hugger는 hug를 하는 사람, hug를 좋아하는 사람 정도로 이해하면 된다. 어떤 방식이든 상대방이 반가운 마음으로 건네는 인사이니 흔쾌히 받아주자. 포인트는 자연스러울 것! 상대방이 팔을 벌려 다가온다면 당황하지 말고 등을 토닥여주며 '나도 참 반가워'라는 마음으로 따뜻하게 안아주자. 악수할 때는 눈을 마주치며 힘있게 맞잡자. 제스처까지 챙기는 첫 만남이라면 분명 좋은 관계로 발전할 수 있을 것이다.

상대방을 처음 알게 된 순간은 언제인가요?

파이팅 대신 OWN IT!

☐ Finally! It's good to put a face to the name! 이제야 이렇게 만나네요.

☐ It's wonderful to finally put a face to the name!

직접 뵈니 더 좋네요.

☐ I've heard many good things about you. 말씀 많이 들었어요.

☐ Angela said many good things about you.

엔젤라에게 말씀 많이 들었어요.

☐ I know your company by your great reputation.

귀사의 명성은 익히 잘 알고 있습니다.

☐ Thank you for your time today. 오늘 시간 내주셔서 감사해요.

☐ Thank you for coming all the way here.

여기까지 오시느라 고생하셨어요.

☐ Thank you for meeting me today on a short notice.

급하게 연락드렸는데 만나주셔서 고맙습니다.

☐ Thank you for meeting me today on a busy schedule.

바쁘신데 시간 내주셔서 감사합니다.

How are you?
I'm fine, thank you.
And you?

여행지에서, 회사에서, 가게에서 어디서든 흔히 들을 수 있는 How are you?에는 두 가지 의미가 있다. 하나는 Hi, Hello 같은 인사치레. 또 다른 하나는 진심으로 요즘 근황과 상황을 묻는 안부 인사. 문제는 어떤 의도로 물었든 간에 I'm fine, thank you. And you? 기계처럼 똑같이 답하는 경우가 많다는 사실이다. 상황에 맞게 간결하게 인사하고 넘길지, 속내를 털어놓으며 더욱 가까워질 기회로 활용할지 알아야 한다.

Same-old, same-old. You?

당신의 안부를 물으며
내 안부도 돌본다

_안젤리나 졸리처럼 안부를 묻자

그를 떠올리면 한 단어가 생각난다. Goddess. 안젤리나 졸리와의 첫 만남은 눈이 많이 내리던 파리에서였다. 하얗게 덮인 방돔 광장의 한 호텔에서 당시 조니 뎁과 함께한 영화 〈투어리스트〉 홍보 인터뷰를 앞두고 있었다. 주로 배우가 먼저 인터뷰룸에 들어가 있고 인터뷰어는 밖에서 기다리다 차례가 되면 인터뷰룸에 들어간다. 조명, 카메라가 완벽히 세팅된 인터뷰룸에서는 마음도, 자세도 평소와는 달라지기 마련이다. 할리우드 배우들은 프로이기 때문에 친근한 분위기를 만들고 인간적인 면모도 잘 보여주지만, 때론 인터뷰룸 밖에서 그들을 만나면 어떤 기분이 들지 궁금하기도 했다. 그리고 마침내 그런 순간을 맞이했다.

그날도 꽤 오랜 시간 인터뷰 차례를 기다리다 잠깐 화장실에 가던 길이었다. 긴 복도 끝의 화장실로 걸어가는데 새하얀 팬츠

정장을 입은 늘씬한 여자가 걸어오고 있었다. 시력이 안 좋아 바로 얼굴을 알아볼 수 없었지만 그 와중에도 '와, 멋지다'고 생각했다. 점점 뚜렷해지는 얼굴, 안젤리나 졸리였다. 생각지도 못했던 곳에서 그를 만나서인지 '어떡하지, 말을 걸까? 뭐라고 해야 하지? 그런데 너무 예쁘다' 등 머릿속은 뒤죽박죽, 몸은 얼어붙었다. 반대로 그는 젠틀하고 우아한 목소리로 "Hey, How are you?"를 건네고 사라졌다. 대답도 못했는데 말이다.

사람을 마주했을 때 How are you?라고 물어보는 유형은 두 가지다. 사실 대부분은 그냥 인사치레다. 엔젤리나 졸리도 처음 보는 사람인 나에게 친절하게 Hello를 건넨 것이다. 이때는 최대한 단순하게 답해야 한다. 예를 들어 커피숍이나 상점의 종업원이 How are you?라고 물을 경우 그들은 단지 형식적으로 하는 인사말이니 Fine, thanks.라고 간결하게 대답하고 지나가면 된다. 좀 더 여유가 된다면 되물어주는 것도 좋다. Fine, thanks. You? 하면 아마 상대방도 Good. / Great. 처럼 짧게 대답할 것이다. 이때의 포인트는 항상 긍정적으로 답할 것. 모르는 사람이 "안녕하세요?"라고 했을 때 "아니요, 사실 요즘 제가 사정이 있어서 잘 못 지내요." 하지 않는 것과 같다.

자신이 먼저 가볍게 How are you? 하고 인사를 건네도 좋다.

혼자만의 시간을 소중하게 여기며 혼밥, 혼술, 혼행이 당연한 시대지만, 해외까지 나가서 온종일 한마디도 안 하며 지내기에는 아쉽기도 할 터. 그럴 때는 호텔 직원이, 우연히 들어간 옷가게의 점원이, 커피를 사기 위해 선 줄 앞뒤 사람이 가볍게 How are you? 하며 건넨 인사처럼 우리도 주변 사람에게 인사해보면 어떨까. 그냥 지나칠 수 있는 순간에도 상냥하고 배려 있는 마음을 담은 한마디가 다정하고 소중한 순간을 만들기도 한다. 안젤리나 졸리가 바쁜 와중에도 다정하게 인사했던 그 순간으로 돌아간다면 여유로운 척, 그의 모습에 놀라지 않은 척하며 "I'm good, how are you!" 인사할 것이다. 그에게 다정한 순간을 만들어주고 싶으니까.

만약 인터뷰룸에서 마주 앉아 서로 소개를 마치고 대화하는 중에 그가 물었다면 상황은 또 달랐을 것이다. 한국에서 온 인터뷰어에게 시차 적응은 괜찮은지, 오늘 하루는 어떤지 묻는 것에 가깝기 때문이다. 인터뷰 현장에서 종종 마주치는 홍콩의 영화 평론가 친구는 그런 의미의 How are you?를 잘 건넨다. 그럴 때면 오랜 비행과 기다림 끝에 인터뷰하고, 귀국 비행기를 놓치지 않으려고 동동거리는 나에게서 한발 벗어나 '나 잘 지내는 거 맞나' 하며 새삼스레 나의 안위를 생각할 수 있었다. 그 다정한 인사 덕분에 그도 잘 지내는지, 특별한 일은 없는지 등 자연스레 긴 대화를 나누다 보면 인터뷰 대기 시간이 순식간에 지나가 있기도 했다.

이처럼 좀 더 진지하게 근황을 묻는 How are you?는 친구와 커피 한잔하러 만난 자리, 저녁 식사 자리, 오랜만에 마주친 지인 등이 건네는 경우가 많다. How are you today? 오늘 어때?, How's everything? 잘 지내고 있지?라는 의미로 진심으로 나의 근황을 묻는 것이니 자신의 상황에 따라 다양하게 답할 수 있다. I'm fine thank you, and you? 에서 벗어나 자신의 이야기를 솔직담백하게 전해보자. Same-old, same-old. 맨날 똑같지 뭐, I'm hanging in there. 그냥 견디고 있어, I feel terrible today. 컨디션 최악이야 같은 답이 나오는 날도 있으면 I can't complain. 매일 오늘만 같으면 좋겠다도 있을 테니 말이다.

간혹 '그냥 그래'라는 의미로 so, so.를 쓰는 사람들이 있다. 의미는 맞지만 How are you?의 대답으로는 적합하지 않다. 부자연스럽다. 이 말은 무언가를 평가할 때만 사용하기 때문이다. 음식의 맛, 어제 본 영화, 읽고 있는 책에 대해서 평할 때 '그냥 그렇다'는 의미로 쓴다. '요즘 어떠냐'는 질문에 '그냥 그렇다' '별일 없다'고 대답하고 싶다면 Alright. / Nothing much. / Nothing special. / Same-old, same-old.라고 말하면 된다. 그리고 누군가 어떤 의도든 간에 How are you?라고 물어봐서 대답했다면 You? 넌 어때? 혹은 Thanks for asking. 물어봐줘서 고마워요, Thanks for caring. 신경 써주셔서 감사합니다 같은 표현을 덧붙여보자. 우연이라도 누군가의 마음에 잔잔하지만 큰 파동을 전할지도 모른다.

요즘 어떻게 지내나요?

☐ How are you today? 오늘은 어때?

☐ How's everything going? 요즘 잘 지내고 계시죠?

☐ Same-old, same-old. 맨날 똑같지 뭐.

☐ Everything is going fine. 별 일 없어.

☐ It's going well. 다 잘 돼가.

☐ I'm doing alright. 그냥 그렇게 지내.

☐ Nothing much. 별일 없어. 그냥 그래.

☐ It's not my best day! 그냥 그런 날이야.

☐ I'm hanging in there. 그냥 견디고 있어.

☐ I feel terrible today. 컨디션 최악이야.

☐ I can't complain. 매일 오늘만 같으면 좋겠다.

☐ Couldn't be better! 요즘 최고야!

☐ I'm good, thanks! 응, 잘 지내. 고마워!

☐ Thanks for asking. 물어봐줘서 고마워요.

☐ Thanks for caring. 신경 써주셔서 감사합니다.

Goodbye.

Good-bye. / See you later. 같은 기본적인 인사말로는 이루 다 표현할 수 없는 마음이 있다. 앞으로 함께할 업무에 대해 '잘 부탁합니다'라든지 헤어지기 전 '고생하셨어요' 같은, '건강 챙기세요' '감기 조심하시고요'처럼 적절한 시기에 꼭 필요한 마음 말이다. 그간 너무 한국식 표현 같아 사용하기 주저했거나 전하고 싶은 뉘앙스와 의미를 속 시원히 전달하지 못했다면 여기에 나오는 표현을 익혀보자.

Hope we make the best out of this.

끝인사 해도 끝은 아니다

_짐 캐리처럼 인사하자

첫 만남에서는 흔히 밝은 미소, 마음을 담은 눈맞춤, 상냥한 목소리 등 좋은 첫인상을 남기기 위해 노력한다. 반면 헤어지는 순간은 별다른 고민 없이 흐지부지 보내기 일쑤다. 하지만 많은 사람을 만나 보니 첫인상보다 마지막 인상이 더 기억에 남는 경우가 많았다. 항상 마지막이 좋아야 한다는 말을 신조로 삼고, 처음 만나는 순간 못지않게 좋은 마무리를 위한 말들을 소중히 간직하고 있다. 할리우드 배우들과의 인사도 기억하고 있다. 항상 언젠가 있을 다음을 기약하는 휴 잭맨, 정말 재밌었다며 어깨를 두드려줬던 해리슨 포드, 그리고 짐 캐리가 있다.

어렸을 적 좋아했던 영화들을 꼽아보면 항상 짐 캐리가 있었다. 〈마스크〉 〈라이어 라이어〉 〈에이스 벤츄라〉 등 그의 다양한 표정과 유머 감각은 독보적이었다. 특히 제프 다니엘스와 열연한 코미디 영화 〈덤앤더머〉는 어찌나 재미있던지, 친구들과 비디오를 수차례 돌려 보았다. 두 캐릭터가 타고 다니던 강아지 모양의 자동차와 스키장 리프트 타는 장면은 아직도 나의 웃음 버튼이다. 떠올리기만 해도 즐거움을 주는 짐 캐리와 제프 다니엘스를 동시에 만날 수 있었던 것도 그때의 작품 덕분이었다. 20년 만에 〈덤앤더머 2〉가 제작되어 배우들이 홍보 인터뷰에 나섰기 때문이다. 어렸을 적 추억을 장식하는 영화 속 배우들을 실제로 만나 인터뷰할 수 있다는 건 정말 큰 영광이었다.

유니버설 스튜디오에서 그들과의 인터뷰가 잘 진행되길 간절히 바라며 첫인사를 건넸다. "I'm Angela from Korea. Hope we have a great interview together. It's an honor for me!" 한국에서 온 엔젤라예요. 인터뷰 잘 부탁드려요. 영광입니다! 실제로 만나 보니 짐 캐리는 지적이고 유창하게 자기 생각을 말하는 멋진 사람이었다. 제프 다니엘스는 의외로 조용조용했지만 말 한마디 한마디에 유머가 담겨 있었다. 인터뷰가 끝나고 시간이 허락하면 종종 배우들과 사진을 찍곤 하는데 두 사람은 양쪽에서 자신들의 얼굴로 내 얼굴을 누르는, 일명 '샌드위치 셀카'를 찍어주었다. 작은 행동 하나에도 유머를 잃지 않는 그들이었다. 동시에 감동과 친절을 베풀 줄 아는 사람들이었다. 인터뷰를 끝내고 나오는데 짐 캐리가 건넨 작별 인사 한마디가 아직도 잊히지 않는다.

You are a great interviewer, Angela! Thank you for a wonderful time!

인터뷰 잘했어요! 좋은 시간 내줘서 고마워요!

간단한 끝인사였지만 인터뷰어로서 인정받고, 인터뷰어가 들을 수 있는 최고의 말이었다. 인터뷰어로 소개하고 대접받고 어떤 일은 익숙하게 해나가면서 인터뷰어라는 역할에 갇히는 것 같았는데, 짐 캐리의 말을 들은 순간 앞으로 어떻게 해야 할지 조금은 알 것 같았다. 그냥 인터뷰어가 아니라 좋은 시간을 만들어주는 사람으로서 거듭나야 할 타이밍이었다. 그의 말 덕분에 나의 다음을 생각할 수 있었던 만큼 다음번에 달라진 모습으로, 더 좋은 모습으로 그를 만나고 싶었다. 누군가 보기엔 일로 만나고 헤어지는 순간이었지만 그 끝인사를 시작으로 사람의 일은 계속되는 거였다. 이걸 실감하면 마지막 인사말도 허투루 넘기지 않게 된다.

좋은 의미를 담고 있는 우리 말을 영어로 직역하면 너무나 어색할 때가 있다. 예를 들어 새로운 사람을 만나거나 일을 함께 시작할 때 항상 하는 말인 '잘 부탁합니다'가 있다. 회사에 첫 출근을 해 만난 외국인 상사에게 '앞으로 잘 부탁한다'라고 말하고 싶은데 어떻게 표현하면 좋을까. '부탁은 영어로 favor인데, 부탁할 때 쓰는 please를 써야 할까?' 고민하다 'Please do me a favor.'라고 말하는 경우가 있다. 하지만 다짜고짜 저렇게 말한다면 '부탁 하나만 들어주세요'라는 뜻이 되고 만다.

'앞으로 잘 부탁합니다'라는 말을 전하고 싶다면 무엇을 잘 부탁하는지 의도와 상황에 맞게 풀어서 이야기하면 좋다. 베이스가 되는 단어는 hope이다. Hope we make the best out of this. 함께 최선의 결과를 내면 좋겠습니다처럼 '앞으로 이렇게 되도록 잘 부탁해' '앞으로 이렇게 되었으면 좋겠다'의 뉘앙스를 전달하면 된다. Looking forward to ~ing를 활용할 수도 있다. 이 역시 '~하기를 기대한다'는 뜻으로 '앞으로 잘해봅시다'의 뉘앙스를 전하기에 제격이다. Looking forward to working with you! 함께 일하게 되어서 기대됩니다, Looking forward to seeing you soon! 곧 또 봬어요! 같은 표현들을 익히면 된다.

또 다른 인사말로 날씨가 쌀쌀해지면 자주 하는 '건강 챙기세요'라는 말이 있다. 비즈니스 이메일을 쓸 때나 친구에게 안부를 전할 때 단순히 Good-bye.라고 하기에는 아쉬울 때 쓰기도 한다. 이 말을 그대로 쓰면 'Take care of your health.'이다. 하지만 미국인 친구에게 이대로 쓴다면 그 친구는 아마 '얘는 내가 건강이 안 좋다고 생각하는 걸까' 하고 의아해할 것이다. 정말 몸이 안 좋거나 건강을 돌봐야 하는 사람에게만 이 말을 쓰기 때문이다. COVID19

같은 팬데믹 상황에서 'Stay safe, stay healthy!'라는 표현은 진지하고 적합한 인사말이 될 수도 있겠지만 단순 안부를 챙기는 인사라면 'health'를 직접적으로 언급하진 않는다.

추운 날씨에는 따뜻하게, 더운 날씨에는 시원하게, 건강하게 지내라는 좋은 의도를 그대로 살리면서 전하려면 어떤 표현을 쓸 수 있을까. 이 또한 의도를 풀어서 표현하면 된다. 쌀쌀한 날씨에 건강을 챙기려면 뭘 해야 할까. 따뜻하게 있으면 된다. Stay warm! / Dress warmly! / Bundle up!처럼 말 그대로 '따뜻하게 지내요' '옷을 따뜻하게 입으세요'라는 의미를 전하면 된다. 그럼 상대방도 기쁘게 Oh, thank you, you too. 고마워요, 당신도요라고 반응해줄 것이다.

비슷한 맥락으로 우리는 상대방을 걱정하는 마음으로 '피곤해 보인다' '컨디션이 안 좋아 보인다' '괜찮냐'라는 말을 쓴다. '아파 보인다'를 직역해 'You look sick.' 'you look bad.'라고 표현한다면 이는 무례한 말이다. 상대방이 아파 보일 때 배려하기 위해서는 Are you feeling okay? / You don't look well. You okay? 라고 물어보자.

우리가 흔히 쓰는 '수고하셨습니다'는 Thank you for라는 표현을 중심으로, 상황에 맞게 왜 수고했다고 말하고 싶은지를 생각해 완성하면 된다. Thank you for your time. 바쁜데 시간 내주셔서 감사합니다, Thank you for your effort. / Thank you for your trouble. 고생하셨어요라고 말할 수 있다. 격식을 갖추지 않아도 되는 상황이라면 간단하게 Hey, good job today!나 Good work today. 혹은 Thank for everything.정도로만 표현해도 좋다. Good-bye.로는 전할 수 없는, 상대방과 함께했던 시간에 대한 고마움을 전한다면 상대방도 마지막 여운을 좀 더 길게 간직해줄 것이다. 힘 있는 악수, 따스한 포옹도 곁들인다면 추억으로 남을지도 모를 일이다.

인상 깊었던 마지막 인사말이 있나요?

☐ Thank you for your effort. 오늘 수고 많으셨어요.

☐ Thank you for your trouble. 오늘 고생 많았어요.

☐ Good job today! 오늘 잘했어요.

☐ Good work today. 오늘 수고했어요.

☐ Thank you for a great time. 좋은 시간 내줘서 고마워요.

☐ Hope we make the best out of this.

　　우리가 함께해서 좋은 결과가 나왔으면 좋겠네요. 잘 부탁해요.

☐ Looking forward to working with you!

　　함께 일하게 되어서 기대됩니다.

☐ Looking forward to seeing you soon! 곧 또 봬어요!

☐ Please get back to me when you have time.

　　여유 있으실 때 답장 부탁드려요.

☐ Please reply when you can. 시간 되실 때 답장 부탁드려요.

☐ Feel free to contact me anytime. 언제든지 연락주세요.

☐ If you need anything, feel free to contact us.

　　필요한 게 있으면 언제든지 연락주세요.

☐ If you have any questions, feel free to contact us.

궁금한 점 있으면 언제든지 연락주세요.

☐ Stay warm! 따뜻하게 지내요.

☐ Dress warmly! 따뜻하게 입어요.

☐ Bundle up! 단단히 챙겨 입어요.

☐ Enjoy the beautiful weather! 요즘 날씨가 좋아요, 즐겁게 지내요.

☐ Are you feeling okay? 피곤해 보여요, 괜찮아요?

☐ You don't look well. You okay? 안 좋아 보여요, 괜찮아요?

Part 2.

나다운 게
잘하는 것이다

_나답게 말하기

'사랑해요, 연예가중계.' 인터뷰 공식 엔딩 멘트였던 이 말은 사실 대대로 이어져 내려온 임무 아닌 임무였다. 요청하는 입장에서 상대방에게 부담될까 주저하면서도, 시청률에 도움이 되는 장면을 만들어오길 바라는 제작진의 기대를 저버릴 수는 없었다. 지금처럼 K-문화가 널리 퍼지기 전이라 실제로 낯설어하는 배우들이 많았다. 선뜻 한 번 만에 후루룩 따라 하는 사람도 있었고, 한 글자 한 글자 발음을 짚어가며 완벽하게 구사하려는 사람도 있었다. 방송된 그 모습을 보며 다들 신기해하고 재밌어했지만, 뭔가 새로운 시도가 필요하다고 생각했다. 그래서 반대로 먼저 배우에게 묻기 시작했다. "혹시 한국어로 배워보고 싶은 표현이 있나요?" 하니 의외로 재미난 것들을 묻기 시작했다. 옆에 있던 동료에게 묻고 싶다며 "Can I get you some water?"의 한국말을 묻는가 하면 "Enjoy the movie!" 같이 영화 홍보에 도움이 되는 표현을 배우는 실속파 배우도 있었다.

자신이 배우고 싶은 표현을 제각각의 억양으로 재밌게 따라 하는 그들을 보면서, 우리도 영어를 그렇게 대할 수 있으면 좋겠다고 생각했다. 리스닝 교재나 시험에서 들을 수 있었던

파이팅 대신 OWN IT!

상냥한 목소리, 또박또박 친절한 발음은 현실에는 없다. '정답' 같은 영어 표현을 듣고 외워왔지만 말하는 데 정답이란 건 없지 않은가. 하고 싶은 말을 나답게 잘 표현하는 게, 고급 영어 단어나 문법을 활용하는 것보다 상대방에게 더욱 깊은 인상을 줄 수 있다. 이때까지 배운 것을 써먹어야 한다는 마음에 미션 수행하듯 하는 말 말고, 진짜 나의 감정이나 이야기를 충분히 표현하는 데 힘쓰는 게 우리가 원하는 영어 대화일 것이다.

'나답다'는 것을 거창하게 생각할 필요 없다. 취미가 특별해야 할 것 같고, K-문화에 관심이 높아진 만큼 우리나라의 특별한 장소나 역사에 대해 달달 외워봐야 할 것 같고, 해야 할 게 많은 것 같지만 사실 아주 사소한 곳에서부터 시작할 수 있다. 한 예로, 영어 이름을 들 수 있다. 영어 학원 수업에서 영어 이름을 만들라기에 만들었다가 영어로 말할 때만 쓰는 그 이름 말이다. '영어 이름 추천'을 검색해 단순히 예쁘게 들린다는 이유로 영어 이름을 만들어 사용하면 외국인은 어색하다고 여긴다. 한 외국인 친구는 '레오나르도'를 만난 이야기를 해주었다. '레오나르도'는 디카프리오를 좋아해 그 이름을 만들었다고 했다지만, 외국인 친구로서는 특이하고 어색해 의아했던 참이었다. 특별한 인상을 주는 게 목적이었다면 성공한 셈이지만, 좋은 인상인지는 모르겠다. 우리는 당연하다는 듯 영어 이름을 만들지만 사실 외국인에게 한국 사람이 외국 이름을 쓰는 게 당연해 보이지 않기 때문이다.

가수 어서도 그랬다. 내한한 그를 인터뷰하기 위해 "I'm Angela."라고 소개하니 한국 이름을 물었다. 알려준 한국 이름을 되뇌며 "Cool name!" 하고는 신기해했다. 헤어지는 순간에도 "Bye, Ms.Ha-Eun!" 했던 걸 보면 한국 이름 발음이 꽤나 재밌었나 보다. 조금 다른 이야기이긴 하지만, 그는 이름뿐 아니라 동양인이 영어를 유창하게 하는 것도 의아해했다. 고등학교까지 미국에서 공부했기 때문에 영어와 영어 이름이 익숙하다고 설명해주었지만 여전히 의아한 눈치였다. 어쩔 수 없는 선입견이기도 하지만 그만큼 외국인 시선에 한국인의 모습을 한 내가 영어를 잘하는 것, 영어 이름을 쓰는 게 당연한 게 아니기도 하다. 한국어를 유창하게 하는 외국인을 만나면 놀라워하는 우리의 모습을 생각해보자. 사실 우리도 그들에게 완벽한 한국어 발음이나 언어 구사력을 기대하지는 않는다.

한인타운에서만 수십 년을 산 사업가를 만난 적이 있다. 손짓 발짓과 간단한 생활 회화로 미국 서부 지역에서 여러 개의 사업체를 운영하고 있었다. 그의 대화 비결은 '쫄지 않고 나답게'였다. 어디서든 당당한 것이 포인트. 말싸움을 할 일이 있으면 한국말로라도 하고 싶은 말을 질러버린다고 했다. 자신이 완강하게 반대한다는 것을 알리고 싶을 때 자신의 말로 이야기하는 것이다. 그처럼 한국어로 일방적으로 말하라는 게 아니라 나의 의도를 전할 방법은 어떻게든 있으니 영어를 '잘'해야 한다는 압박감에서 나를 놓아주자는 의미다.

나의 영어로 진짜 나를 말한다고 생각해보자. 우리말을 할 때의 말버릇이 있다면, 자주 하는 리액션이 있다면 해도 좋다. 가장 익숙하고 어울리는 이름과 속도, 생활을 있는 그대로 보여줘도 괜찮다. 당신과 대화하는 상대방도 있는 그대로의 당신을 알고 싶을 것이다.

Jennifer,
Sarah, John,
Leonardo...

영어 학원 첫 수업에 들어가면 통과의례처럼 영어 이름을 만든다. Jennifer, Sarah, John 같은 흔한 이름부터 Leonardo처럼 유명 배우의 이름, Harry처럼 좋아하는 영화의 주인공 이름 등 다양한 이름이 언급된다. 멋진 영어 이름 하나 갖는 것도 나쁠 것 없고 외국인들이 편히 부를 수 있도록 배려하는 마음이겠지만, 상대방이 나를 기억하지 못하고 스스로도 자신의 이름이 익숙하지 않다면, 멋진 것도 배려심도 다 소용없다. 흔하고 의미 없는 영어 이름 대신 한국 이름을 그대로, 대신 부르기 쉽게 알려주면 어떨까. 자기 어필의 시대인 만큼 통성명을 하는 순간부터 상대의 기억에 남을 것이다.

Just call me _____.

가장 나다운 게 가장 세계적이다

_쿠엔틴 타란티노처럼 내 호칭을 알리자

신작 영화 홍보를 위한 정킷 인터뷰가 있는 날이면 배우들을 만나러 먼 곳으로 날아간다. 촉박한 일정으로 움직이는 나도 피곤하지만 한자리에 앉아 온종일 세계 각국의 언론들과 비슷한 내용으로 인터뷰하는 배우들도 매우 힘들다. 그들도 사람이다 보니 시간이 흐를수록 집중력도, 인터뷰의 질도 떨어지기 마련이다. 그래서 인터뷰어들도 되도록 오전 이른 시간 첫 타임에 인터뷰하길 원하지만 모두가 그 소망을 이룰 수는 없는 법. 인터뷰어의 능력이나 노력이 미치지 못하는 늦은 시간에는 배우의 표정과 분위기를 살피며 인터뷰가 좋은 내용으로 잘 흘러가길 바라는 수밖에 없다.

그런 간절한 마음을 담을 겸 배우들의 주의도 환기할 겸 하는 인사가 있다. "안녕하세요! Mr.(그의 성)." "안녕하세요! Ms.(그녀의

성).” 최대한 정중하고 예의를 갖춰 진심으로 당신을 만나고 싶어 그 자리에 왔다는 것을 보여주기 위해 한국식으로 고개를 숙이며 한국어로 인사한다. 한국어를 알고 있던 사람은 따라서 “안녕하세요”를 외치고, 몰랐던 사람은 어느 나라 말인지 내가 어디서 왔는지를 궁금해한다. 고개 숙여 인사하는 모습을 보며 신선한 인상을 받는 사람도 있다.

〈장고 : 분노의 추적자〉의 쿠엔틴 타란티노 감독이 그랬던 것 같다. 그의 이름을 들으면 〈펄프 픽션〉 속 춤추는 장면을 따라 해보았던 어렸을 적 추억이 가장 먼저 떠올랐고, 그만의 경이로운 작품들 덕분에 만나기 전부터 잔뜩 기대하고 있었다. 〈킬 빌〉, 〈씬 시티 : 다크히어로의 부활〉 같이 강렬한 작품들, 독특한 연출과 대사들처럼 그도 독특하고 특이할지, 인터뷰에 잘 응해줄지, 걱정이 앞선 것도 사실이었다. 인터뷰룸에 들어서니 그가 서 있었다. 부드러운 인상이 아니라는 것은 알고 있었지만 큰 키에서 오는 위압감, 미소 짓지 않아 강단 있어 보이는 얼굴, 인터뷰 현장의 분위기까지 어우러지니 그가 더욱 어렵게 느껴졌다. 살짝 긴장하며 한국식으로 고개를 숙여 인사했다.

안녕하세요! Mr.Tarantino. Welcome to Korea.

You are so polite! Just call me Quentin. I'm happy to be here.

안녕하세요, 타란티노. 한국에 온 걸 환영해요.

당신은 정말 친절하시군요. 쿠엔틴이라고 불러주세요. 한국에

와서 기뻐요.

고개 숙여 인사하는 내 모습에 그도 자세를 낮추며 인사해왔다.
그 자세만큼이나 편안하게 자신을 불러줄 수 있도록 배려하는
모습에 좋은 대화를 나눌 수 있겠다고 확신했다. 실제로 그는
다채로운 표정과 말투로, 말하는 걸 좋아하는 밝은 성향의
사람이었다. 영화를 이야기할 때면 눈빛을 반짝거리며 영화에 대한
열정을 고스란히 보여줬다. 영화 이야기 틈틈이 자신의 이야기도
들려주었는데 그가 어렸을 적 LA 한인타운 근처에서 일했던 게
인상 깊었다. 그때 한인식당 앞에서 담배를 피우던 한국 아저씨들의
모습이 그렇게나 멋있어 보였다고, 그 모습을 보며 담배를 따라
피워봤다고 했다. 그의 영화 속 캐릭터들이 담배 피울 때 멋져
보였다면 한국 아저씨들의 모습이 영향을 끼쳤을지도 모르겠다.
그를 친구 부르듯 쿠엔틴이라고만 부를 수는 없었지만 세계적인
영화감독이 들려준 소탈한 이야기 덕분에 마음만큼은 친구처럼
느껴졌다.

외국인을 처음 만났을 때, 명함을 받았을 때는 다짜고짜 이름을

부르기보다는 Mr. 나 Ms.를 붙이는 것이 맞다. 존댓말이 없는 영어에서 존댓말스러운 호칭이다. 일단 그렇게 상대방을 불러주고 상대방이 먼저 first name이나 줄여서 부르는 이름으로 불러달라고 한다면 흔쾌히 불러주는 게 맞다. 줄여서 부르는 이름이란 서류상 이름은 Thomas이지만 Tom으로, Juliana지만 Julie로 부르는 식이다. 상대방이 격식을 좀 허물고 친근감을 표한다고 받아들여도 좋다. 빨리 친해지고 싶다고 상대방이 요청하기도 전에 내 멋대로 줄여서 부르는 것은 실례다. 줄여 부르고 싶다면 Can I call you Tom? 톰이라고 불러도 되나요?라고 먼저 물어보고 상대방의 의사를 들어야 한다.

반대로 내가 먼저 이름으로 상대방에게 친근감을 표현해도 좋다. 격식을 차려야 하는 사이임에도 Mr. Kim, Ms. Lee 대신 상대방이 편하게 이름을 부르도록 허용하면 한 걸음 다가가는 느낌을 준다. You can just call me ○○. / Just call me ○○. / ○○ is fine with me. 절 그냥 ○○로 불러주세요 또는 My friends call me ○○. / I go by ○○. 제 친구들은 ○○으로 불러요(그러니 당신도 그렇게 불러주세요) 등은 애칭을 알려주는 쉬운 표현이다.

자신을 어떻게 불러달라고 할지 정하고, 알려주는 일은 우리에겐 낯설다. 주변 사람들이 나를 어떻게 부르는지, 나는 주변 사람을 어떻게 부르는지 생각해볼 일이 많지 않아서다. 회사 직급명으로, 누구의 배우자로, 누구의 부모로, 누구의 자식으로 불리는 대로 듣고 보이는 대로 부른다. 편리하지만 한계는 있다. 그 호칭 이상으론 그 사람을 알 수 없기 때문이다. 누구 엄마라고 불리는 사람은 누구 엄마이기 이전에 누구였는지, 과장님은 과장님이 아닐 때 뭐 하는 사람인지 말이다. 호칭이 가리키는 딱 그 정도만 상대방을 알고 싶다고 해도 할 말은 있다. 그 정도도 알기 어려운 게 사람 아닐까? 한 사람을 속속들이 알긴 어렵지만, 그 시작은 의외로 쉬울 수 있다. 가장 그 사람다운 호칭으로 부르는 것 말이다. 그렇게 관계는 한걸음 가까워질 수 있다.

영어 이름을 만들 때도 나 자신이 어떻게 불리고 싶은지 생각해보면 어떨까. 외국인이 부르기 쉽도록, 이왕 영어 공부하니 이름도 영어로 만들라고 해서 등 타의로 지은 영어 이름은 불리는 자신조차도 낯설고, 그러다 보니 괜히 연기하는 것처럼 어색해질 수도 있다. 영어 이름에 익숙해질 자신이 없다면 한국 이름 그대로 쓰는 것도 좋다. 자신의 외향이나 이미지와 잘 어울리지 않는 영어 이름을 쓰는 것보다 나을 수 있다. 대신 부르기 쉬워야 한다. 한국 이름에 받침이 너무 많아서 외국인들이 발음하기 어렵거나 자꾸 틀리게 발음한다면 좀 줄여서 애칭처럼 만들어주자. 예를 들어 이름이 '민영'이라면, Just call me Min. 혹은 I go by Young! 하며 편하게 불러달라고 말할 수 있다.

외국인들이 한국 이름을 어려워하는 것처럼 알아듣기 어려운 외국 이름도 있다. 다양한 문화가 섞여 있는 만큼 인도식 이름, 동남아식 이름 등 낯선 발음이 많다. 상대방의 이름을 알아듣지 못했다면 Can you tell me your name again? 혹은 Can you say your name again?하고 다시 물어보면 된다. 예전에 들었는데 잊었다면 이름을 잘 못 외운다고 솔직하게 덧붙여도 좋다. I'm sorry. What was your name again? 미안해요. 이름이 뭐라고 하셨죠?, Sorry, I'm terrible with names, could you tell me your name again? 죄송해요. 제가 이름을 정말 못 외워요. 이름을 다시 한번 말해주실래요? 하며 솔직하게 물어보자. What's your name? 한마디로는 오해를 사거나 관계를 서먹하게 만들 수 있으니 이름을 잘 못 외우는 사람에겐 필수 표현이다.

한편 외국인과 대화하다 보면 나를 sweetie, sweetheart, darling 등으로 칭하는 경우를 종종 마주한다. 이는 잘 알려져 있듯 '자기' '여보'의 뉘앙스로 애인이나 가족을 부를 때 쓰지만 외국인은 그렇게 친하지 않은 사람에게도 종종 쓴다. 이때는 상대방에게 큰 호감이나 고마움을 느끼고 있다는 뜻으로, 그가 좋은 마음을 담아 나를 불러주었다고 생각하면 된다. 이렇게 애정이 담긴 표현들을

Endearment애칭 라고 하는데 영어에 완벽히 익숙하지 않은 우리가 쓰기에는 민망하기도 하고 어색하기도 하므로 일부러 쓸 필요는 없다. 누군가 나를 그렇게 불러줬을 때 그 마음을 오해하지 않고 다정하게 다가오는 상대방의 진심을 알아주는 정도로 기억하자.

가장 나다운, 가장 그 사람다운 호칭은 무엇인가요?

☐ Just call me _____. _____라고 불러도 괜찮아요.

☐ You can just call me _____.

☐ My friends call me _____.

☐ _____ is fine with me.

☐ I go by _____.

☐ Sorry, What was your name again? 죄송한데, 이름을 다시 알려주세요.

☐ Sorry, Can you say your name again for me?

   미안한데, 당신 이름을 한 번 더 알려줄래요?

☐ I'm terrible/bad with names. What's your name again?

   제가 이름을 잘 못 외우거든요. 이름을 다시 한 번 알려주세요.

☐ Sorry, I'm not good with faces, have we met before?

   제가 얼굴을 잘 기억하지 못해서요, 우리 어디서 뵀었죠?

☐ Sorry, How do you say your name again?

   죄송한데, 당신 이름을 어떻게 발음해야 하죠?

☐ What did you say his name was? 저 남자 이름이 뭐라고 하셨죠?

☐ What did you say was the baby's name? 아기 이름이 뭐라고 했죠?

My hobby is watching American dramas.

영어 이름만큼이나 필수로 준비하는 게 또 하나 있다. 바로 My hobby is ○○이다. 각자의 취미를 공유하며 대화의 물꼬를 트고 공감대를 형성하라는 의도지만 원어민과의 대화에서 이 표현을 듣는 경우는 거의 없다. 당당하게 'My hobby is reading books.'라고 말하면 뜻은 전달할 수 있지만 동시에 '뭔가 부자연스럽다' '아이처럼 말한다'는 인상을 주기 십상이다. 부캐, 사이드잡, 사이드허슬 등 무언가를 배우고 투자하는 게 자연스러운 요즘 시대에 맞는, 자신이 즐겨하는 것을 소개하는 말을 익혀보자.

I love binge-watching.

취미?!
정하는 게 아니라 지금 하고 있는 것
_아만다 사이프리드처럼 즐기자

커다랗고 아름다운 눈이 매력적인 아만다 사이프리드를 만난 곳은 런던이었다. 〈맘마미아〉 〈레터스 투 줄리엣〉 〈레미제라블〉에서 보여준 좋은 연기와 아름다운 목소리로 많은 팬을 보유한 그를 영화 〈밀리언 웨이즈〉 홍보차 직접 마주한 순간 비가 추적추적 내리던 런던이 환해진 기분이었다. 인사를 나눈 후 조명과 카메라 등 촬영이 준비되는 동안 그가 먼저 말을 건넸다.

You know, I love going to Korean markets. And I'm crazy about this tea these days. Have you tried it?
있잖아요, 저는 한인마켓 가는 걸 좋아해요. 요즘 이 차에 완전 빠져 있어요. 마셔본 적 있어요?

그가 보여준 건 '옥수수수염차'라고 쓰여 있는 음료였다. 너무 맛있어서 한 상자씩 구비해놓고 있다고 했다. 인터뷰차 온 런던에도 들고 온 것을 보니 정말 푹 빠져 있는 모양이었다. 옥수수수염차를 사러 한인마켓에 가는 그가 친근하게 느껴졌다. 그에게 내가 좋아하는 한국 음료를 소개해주자 다음번엔 꼭 그 음료를 마셔보겠다며 집중하기도 했다. 인터뷰만 아니었다면 한국에서 유명 아이템으로 불리는 것들을 잔뜩 추천해주고 싶은 심정이었다. 관심사를 나누고 서로 알아가는 잠깐의 시간이 인터뷰보다 더 기억에 남아 있다.

아만다가 옥수수수염차를 언급했듯 취미란 게 별거 아니다. 지금 자신이 즐겨 하는 것이다. 그리고 취미에 관해 이야기하는 것은 자신의 즐거운 시간을 상대방과 공유하겠다는 의미다. 포인트는 '지금' 즐겨 하는 것에 관한 대화라는 점이다. 지금 자신의 모습을 가장 잘 보여주는 것이어야 한다. 예전에는 즐거웠던 것이 지금은 즐겁지 않을 수 있고, 지금은 좋지 않지만 다음에는 좋아질 수 있는 게 사람 마음이다. 이걸 변덕으로 여기기보다는 어떤 일이 있었기에, 어떤 마음이길래 그런 변화가 생겼는지 안부와 근황을 묻는 타이밍으로 여기는 게 좋다. 최근 자신의 즐거운 시간을 공유하는 것에서 나아가 서로의 지금 마음과 상태까지 돌보는 것,

취미를 공유하는 진짜 이유다.

하지만 우리는 취미를 정해서 알려주려고 한다. 마치 이력서에 있는 취미란을 채우려고 한달까. 취미를 통해 내가 어떠한 성향의 사람인지 정해 보여주려고 하는 것 같다. 내향적이다 싶으면 독서나 넷플릭스 보기, 외향적이다 싶으면 하이킹처럼 정형화된 취미를 말한다. 정말 자신의 취미이기도 하겠지만 보여주기 식의 취미는 아닌지, 상황을 넘기기 위해 생각나는 것부터 그냥 말한 것은 아닌지 스스로에게 물어보자. 취미란 쉽게 변할 수 있고 변해도 되는 것이다. 일평생 내향적이더라도 외향적인 순간이 있고, 외향적인 사람도 가끔은 조용히 혼자 있고 싶을 때 무엇을 하며 보낼지 궁금할 수도 있는 법이니까. 생애 언제 어떤 순간이든 조금 더 즐겁게 보내는 방법을 상대방과 나눈다고 생각하고 조금 편하게 대해보면 어떨까.

아만다도 지금은 더 이상 한인마켓에 가지 않고, 옥수수수염차를 마시지 않을 수도 있지만 그게 중요한 게 아니다. 당시 그가 가장 충실했던 것이 중요하다. 우리가 흔히 알고 있는 'My hobby is ○○.' 대신 아만다처럼 I love ○○. / I'm crazy about ○○. / I'm into ○○.로 현재 자신이 흠뻑 빠져 있는 무언가에 대해서 말해보자. 이번 기회로 LOVE라는 단어와 친해지는 것도 좋다. 우리는 'love = 사랑'이라고 배웠던 터라 사람과의 관계, 사랑 이야기가 아닌 이상 love를 잘 사용하지 않는 경향이 있다. 하지만 실제로 그렇게 진지하게만 대할 필요는 없다. love는 I really really like ○○.처럼 무척 좋아하는 것을 강조하기도 하니 편하게 써도 된다. I love taking photographs. 저는 사진 찍는 걸 좋아해요 형식으로, knitting, hiking, dancing, cooking 등 자신이 무척 좋아하는 무언가에 대해서 직접적으로 애정을 표현해보자.

'~하는 사람이야'로 나의 관심사를 표현할 수도 있다. 예를 들어 나는 I'm a dog-person.이라는 말을 자주 한다. '나는 개…사람…이다?'라고 해석하진 말자. -person 앞에 명사를 붙이면 그것을 좋아하고, 큰 관심이 있는 사람이라는 의미를 쉽고 생생하게 전달할 수 있다. I'm a book-person. 나는 책을 좋아해, I'm a music-person. 나는 음악을 좋아해 등으로 활용해보자. 이를 활용한 재미난 말로 I'm a people-person.이라는 표현이 있다. 말 그대로 '나는 사람을 좋아하는 사람'이라는 뜻으로 사람들과 잘 어울리는 사교성이 높은 외향형 사람들이 쓰기 좋은 자기소개 멘트다.

단순히 즐기는 것 이상으로 잘하게 되었을 때, 이것만큼은 자신 있을 때 '○○ 하면 나지!' 하고 조금은 우쭐해도 좋다. 예를 들어 정리정돈을 잘하고 깔끔하기로 둘째가라면 서러운 사람이라면 Cleaning is my middle name. '청소' 하면 나지! 라고 말할 수 있다. 외국인은 이름인 First name/given name, 성姓인 Last name/family name 사이에 middle name을 갖고 있다. 세컨드 네임 정도로 생각하면 되는데 이것을 이용한 표현이다. 내가 정말 잘하거나 너무 좋아해서 내 이름처럼 불러도 되는 것이라면 뭐든 활용할 수 있다. Chocolate is my middle name. 초콜릿 너무 좋아해. 초콜릿 하면 나지, Coffee is my middle name. '커피' 하면 나잖아 처럼 부담 없이 사용하면 된다. 조금 다른 이야기이긴 하지만 Loving you is my middle name.이라는 말을 영화를 보다 들었다. 사랑꾼 남자가 여자에게 고백하는 장면에서 들었던 말인데 오글거리지만 상대에게 확신을 줄 수 있는 효과적인 표현이었다.

다양한 취미만큼이나 자신이 현재 좋아하는, 즐기는 것을 보여주는 말들 또한 다양하다. 최대한 hobby라는 말은 쓰지 않는 연습을 해보자. 상대방에게 질문할 때도 마찬가지다. What is your hobby?, Do you have any hobbies?로 질문해도 틀린 표현은 아니지만 딱딱한 분위기를 형성할 수 있다. 담백하게 '뭐 하는 걸 좋아하세요?'라고 물어보자. What do you like to do?/ What do you do for fun?/ What do you do in your free time?/ What do you do in your spare time? 등은 누군가를 알아가는 데 좋은 대화의 시작점이 되어줄 것이다.

요즘 제일 관심 있는 건 무엇인가요?

☐ What do you do for fun? 당신 취미는 무엇인가요?

☐ What do you do in your free time?

☐ What do you do in your spare time?

☐ I love binge-watching. 넷플릭스, 미드 몰아보는 걸 좋아해요.

☐ I love going to markets. 나는 시장 가는 걸 좋아해요.

☐ I love taking photographs. 나는 사진 찍는 걸 좋아해요.

☐ I'm crazy about hiking. 하이킹하는 게 취미예요.

☐ I'm crazy about dancing. 춤추는 걸 좋아해요.

☐ I'm into cooking. 요리를 좋아해요.

☐ Cleaning is my middle name. '청소' 하면 나지!

☐ Chocolate is my middle name.

  초콜릿 너무 좋아해. '초콜릿' 하면 나지!

☐ Coffee is my middle name. '커피' 하면 나잖아.

☐ I'm a book-person. 책 읽기를 좋아합니다.

☐ I'm a people-person. 나는 사람들과 잘 어울립니다.

I am sorry, my English is not good.

듣기 평가에 나오는 친절하고 또박또박한 표준 영어 발음으로 공부하다 현실 세계로 오면 많은 사람이 놀란다. 히스패닉, 인도, 호주 등 다양한 억양과 발음으로 제각각의 영어를 구사하고 속도도 어찌나 빠른지 마치 2배속한 것처럼 들리기 때문이다. 거짓말 조금 보태서 영어를 사용하는 사람의 수만큼 다양한 영어가 있다. 이 모든 억양과 발음을 공부하고 익히는 건 불가능하다. 그냥 끄덕끄덕하거나 웃으면서 알아듣는 척하며 넘어가는 것도 한계가 있다. 이럴 땐 솔직히 힘든 점을 말하고 서로의 속도를 맞추는 게 정답이다.

Could you slow down, please?

틀린 게 아니라 내 스타일이다

_성룡처럼 페이스를 조절하라

한국 팬들이 그를 좋아하는 만큼이나 한국을 좋아하는 배우 성룡이 내한했을 때였다. 김포공항에서부터 그를 마중하고, 영화 시사회 직전 마주 앉아 인터뷰하기로 했다. 김포공항에 취재를 나온 기자들 틈에서 꽃다발과 마이크를 들고 그가 나오기만을 기다리고 있을 때 중절모와 선글라스를 쓴 그가 등장했다. 눈뜨기 힘들 정도로 플래시 세례가 퍼부었지만 그의 미소는 흔들리지 않았다. 그에게 꽃다발을 안기며 "See you in the interview."라고 인사했다. 그는 너무나 자연스럽게 한국어로 "이따 봐~"하며 사라졌다. 재치 있는 그의 모습에 웃음이 났다.

팬들을 만나는 레드카펫 행사를 앞두고 텅 빈 영화관에서 그를 다시 만났다. 친한 한국 배우들도 워낙 많고 여러 차례 내한한 경험이 있어 그가 한국말을 꽤 알아듣는다는 정보를 접했다.

"안녕하세요?"라며 건넨 인사쯤은 그도 잘 안다는 듯 한국어로 받아주었다. 인터뷰는 중국어 통역사의 도움을 받아 진행되었지만, 그는 시간이 걸리더라도 최대한 나와 직접 소통하려고 했다. 영어와 한국어를 섞어 주거니 받거니 대화하는 것 자체를 즐거워했다. 영어든 한국어든 중국어보다 유창하지 않다는 사실을 자연스럽게 받아들이되, 포기하지 않았다.

Slow down. Can you say it again?
천천히 말해봐요. 다시 한번 이야기해봐요.

모르는 표현이 나오거나 이해되지 않아도 당황하지 않고 대화를 이끌었다. 탕웨이, 장쯔이, 금성무, 장백지 같은 중화권 배우들을 인터뷰할 때 가끔 중국어 억양이 섞인 영어를 들었는데, 성룡과의 대화 덕분에 나도 그 억양을 충분히 접하고 익힐 수 있었다. 언어로는 완벽히 통하지 않아도 노력하는 태도, 당당하고 익살스런 모습에 그가 적극적으로 나와 이야기 나누고 있음을 알 수 있었다. 느리지만 충분히 서로를 이해하는 시간이기도 했다. 그가 궁금해하는 한국말을 가르쳐주면서 꽤나 친절한 사람이 된 듯한 기분도 들었다. 중화권 스타 중 최고는 성룡이라는 소문(?!)은 그와의 대화만으로도 납득이 되었다.

내가 어떻게 하느냐에 따라 상대방이 달라진다는 말이 있다. 때론 이 말을 상대방에게 나는 어떤 사람이 될 것이냐의 문제로 이해한다. 그리고 종종 영어 앞에만 서면 죄인이 되는 사람들을 본다. 많은 이들이 외국인과 대화 중 말이 막히거나 당황하면 'I am sorry because my English is not good.'라고 사과한다. 사과까지 하진 않더라도 'My English is not good.' 하며 자신의 영어에 대해서 평을 내린다. 겸손과 양해의 의미를 전하려 한 말이지만, 의도치 않게 상대방은 그 사람의 잘못과 영어 실력을 생각하게 된다. 대부분의 상대방은 '전혀 아니다' '괜찮다' '잘한다'고 말해주겠지만 유쾌한 경험은 아닐 것 같다. 대화는 한 사람만 일방적으로 맞추는 게 아닌데 일방적으로 맞춰지는 상황에 놓이는 셈이니까.

자신의 영어 실력을 사과하는 대신 상대방에게 친절을 베풀 기회를 주자. 우선 상대방의 말이 너무 빨라 알아듣기 힘들다면 Could you slow down, please? 조금만 천천히 말해주세요라고 요청할 수 있다. 상대방이 천천히 말해줬는데도 생전 처음 듣는 말 같다면 반복해서 들어보는 게 도움이 된다. 우리가 생각했던 것보다 훨씬 혀를 굴려 발음하거나 강세를 다른 곳에 줘서, 혹은 내가 정말 처음 접해보는 단어여서 못 알아들을 때도 있다. 그럴 땐 아예 Can you explain in other words? / Could you rephrase that? 다른 단어로 말해주시겠어요? 라고 말해도 괜찮다. 혹은 직접 스펠링을 물어도 좋다. 발음이 너무 달라서 말로 들었을 땐 몰랐지만 철자로 써 내려가면 '아, 이 단어!' 하고 알게 되는 경우가 있다. 그러니 Can you spell it out for me? 철자 좀 불러주세요. 하는 표현도 기억하자.

영어를 잘하는 사람도 평소보다 유달리 못 알아듣는 순간이 있다. 여행지에서 호텔 프런트에 전화하거나 외국 직원들과 화상채팅을 할 때 등 비언어적 요소를 사용할 수 없을 때, 분위기를 읽을 수 없을 때다. 직접 말해도 잘 안 들리는 영어를 귀에만 의지하려니 더 안 들리는 게 당연하다. 그럴 때도 당황하지 않고 위의 표현들을 활용하면 된다. 덧붙여 한 가지 더 체크하면 수신 상태가 좋지 않아서, 소리가 작아서 잘 들리지 않는지도 살펴보자. 지레 겁먹고 이런 상황을 파악하지 못하는 경우도 종종 있다. 그럴 때도 차분히 Sorry, bad connection. I can't hear you well. 연결 상태가 안 좋네요. 잘 안 들려요라고 말하면 된다. '소리를 크게 내달라'고 말하기 위해 loud를 떠올리곤 하는데, loud, loudly는 목소리를 한 톤 크게 내는 것보다 '소리를 지르다' '아주 큰 소리를 내다'에 가깝다. '볼륨 업'은 Speak up, please. 조금 크게 말해주세요를 활용하자.

우리의 목표는 완벽한 영어 실력을 자랑하는 게 아니라 상대방과 대화하는 것이다. 발음을 심하게 굴릴 필요도, 복잡한 문법 공식에 얽매일 필요도 없다. 당당한 태도와 웃는 얼굴로 원하는 바를 전달하고 받는 데 집중하면 된다. 원어민과 다른 억양과 발음, 속도는 내가 외국인이라서 어쩔 수 없는 게 아니라 가장 나다운 말투다. 오스카 무대에서 윤여정 배우의 단순하고 자신감 있던 수상 소감을 생각해보자. 쉬운 표현들로 잘 전달하는 게 곧 유창한 것이다.

나의 한국어 말투와 영어 말투, 무엇이 다른가요?

☐ Could you slow down, please? 천천히 말해주시겠어요?

☐ Could you speak more slowly please? 좀 더 천천히 말해주시겠어요?

☐ Could you repeat that please? 다시 말해주시겠어요?

☐ I didn't catch you the first time.

　처음에 잘 못 들었어요. (다시 말해주세요)

☐ Come again? (편한 사이에서) 다시 말해줄래?

☐ Could you rephrase that? 다른 단어로 설명해주실래요?

☐ Can you explain in another words? 다른 말로 설명해주세요.

☐ Would you mind spelling that for me, please?

　스펠링을 알려주실래요?

☐ Can you spell that out for me, please? 스펠링을 알려주세요.

☐ Speak up, please. 조금 크게 말해주세요.

How old are you? ⸺

BTS, 〈오징어 게임〉 등 콘텐츠부터 뷰티, 음식까지 그야말로 K-문화가 세계적으로 성행이다. 외국인들의 지대한 관심 속에서 대화를 트긴 쉬워졌지만 또 다른 어려움을 마주했으니, 외국인들이 이제 누구나 다 아는 한국 콘텐츠 말고 더 깊은 한국문화를 알고 싶어 한다는 것. 우리가 영어의 뉘앙스나 영어 문화권의 분위기를 알고 싶어 하듯 그들도 한국말의 뉘앙스, 한국의 내밀한 문화를 이해하고 친밀감을 느끼고 싶어 한다. 한국적이지만 외국인들 사이에서도 쓸 수 있는 표현, 한국에만 있어서 관심을 끌 수 있는 이야기, 한국 콘텐츠를 말할 때 단골로 등장하는 질문에 대한 답 등을 익혀 '한국인'인 나를 어필해보자.

Do you mind me asking how old you are?

가장 한국적인 것이 가장 세계적이다

_김엔젤라처럼 한국에 대해 말해보자

외국인과 대화할 때 머뭇머뭇하게 된다고 토로하는 사람들이 있다. 망설이는 그 잠깐의 시간 동안 꽤 많은 생각을 하곤 한다. '외국에서는 나이를 물어보면 안 된다고 했지' '고향을 물어보면 실례인가, 듣는다고 해서 내가 아는 곳일까?' '존댓말인데 영어로 하려니까 건방져 보이는데' 등 해도 되는 것, 하면 안 되는 것을 따지느라 머릿속이 바쁘다. 그중 한국인에게 중요한 '나이'를 예로 들고 싶다. 어렸을 적 수업 시간에 배웠던 자기소개 대본은 주로 이렇다. 'Hello, My name is Yoon-jung. I am 30 years old. My hobby is playing with my dog. And I work at ○○ company as a team-manager.' 동시에 외국인에게 나이를 묻는 것은 실례라고도 배웠다. 내 나이는 이야기하면서 상대방의 나이를 묻지 말아야 한다는 것은 좀 이상하다. 사실 이런 자기소개는 외국인이 들었을 때 조금은 유아적이고, 자신의 나이를 알려주는 것은 TMIToo much information에 가깝다. 하지만 일방적으로 알려주는 것이 아니라 서로 대화하는 거라면 나이 이야기도 문제 없이 할 수 있다.

외국인들도 친해지면 자연스럽게 몇 살인지 물어본다. 다만 처음 만나 자기를 소개할 때나 일로 만난 사람에게 공개하지 않을 뿐이다. 크게 중요하게 여기지도 않는 편이어서 자신이 태어난 연도를 깜빡 잊는 외국인 친구도 있다. 이들과 다른 한국인이라서 상대방의 나이가 너무 궁금하다면 What year were you born? / What year were you born in? 몇 년생이세요? 라고 자연스럽게 물어보면 된다. 덧붙여 In Korea, we often share the year we were born when we meet someone. 한국에선 사람을 만나면 종종 서로 태어난 연도를 알려주거든요 하고 설명해주면 상대는 내 의도도 알고 신선한 인상을 받을 수도 있다. 친하지 않은데 나이를 알아야 하는 상황이라면 Do you mind me asking how old you are? 실례가 안 된다면 몇 살인지 물어봐도 될까요? 로 조심스럽게 접근하자. 꼭 나이가 아니더라도 곤란할 수 있는 질문은 항상 Do you mind me asking ○○?으로 시작하면 좋다. 예를 들면, Do you mind me asking what you do for a living? 하시는 일이 뭔지 여쭤봐도 될까요? 처럼 말이다.

한국적이면서도 세계적인 질문도 있다. 바로 어디에서 태어나고 자랐는지 묻는 것이다. 외국인들도 새로운 사람을 만나면 으레 하는 단골 질문이다. 다양한 인종이 모여 있기도 하고, 지역도 훨씬 넓다 보니 자연스럽게 대화 소재가 된다. 우리가 흔히 말하는 '○○ 토박이' '나는 서울사람' '나는 부산사람'을 born and raised 나고 자랐다는 말로 설명하면 된다. 부산사람이라면 I was born and raised in Busan my whole life.라고 설명하는 식이다. 태어난 곳과 자란 곳이 다르다면 이 말을 분해하면 된다. I was born in Busan and raised in Seoul. 나는 부산에서 태어나 서울에서 자랐습니다 혹은 I grew up in Seoul. 서울에서 자랐습니다라고 말할 수 있다. 덧붙여 Busan is a second largest city in Korea. 부산은 한국에서 두 번째로 큰 도시예요 등 자신이 태어나고 자란 도시의 특징 한두 개 정도도 알려주면 좋다. I'm from Korea.도 틀린 표현은 아니지만, 높아진 한국의 위상만큼 다른 이야기를 들려줄 필요도 있지 않을까.

잘 알려져 있다시피 한국어에 대한 관심도 많다. How do you say ○○ in Korean? ○○은 한국말로 뭐라고 하나요?라는 질문을 수도 없이 받았다. 그 관심을 이어받아 존댓말에 대해 알려주면 대부분 좋아한다. 모른다는 것조차 몰랐던 만큼 매우 신기해하고, 웃어른을 공경하는 문화, 말의 뉘앙스를 배울 기회로 여긴다. 존댓말은 honorific language / honorific expressions로, Koreans use honorific expressions to communicate with elders. 한국 사람들은 윗사람과 이야기할 때 존댓말을 써요, Koreans use honorific expressions to express respect to the person. 한국 사람들은 존중의 의미로 상대방에게 존댓말을 써요라고 설명할 수 있다. 외국인이 How do you say ○○ in Korean? 라고 물을 때, 덧붙여 반말과 존댓말의 차이점을 알려주면 한국인으로서 자신을 완벽하게 어필할 수 있다.

케이팝을 통해 한국말을 접하는 외국인들은 좀 더 섬세한 질문을 하기도 한다. 가장 대표적인 것이 '오빠'의 뉘앙스다. 실제로 뉴욕에서 BTS 팬이라는 한 여학생이 물은 적 있다. 사람들이 모든 멤버들을 오빠라고 부르는 게 신기했던 모양이었다. 어떤 친구는 "Is 'Oppa' flirty?"라고 묻기도 했다. 일단 이 질문에 답하기 위해 flirt라는 단어를 알아야 한다. He's a flirt. / She's a flirt. 형식으로 많이 쓰이는데, 사전상의 설명만 보면 '추파를 던지는, 바람둥이, 경박한 모양새의 사람'을 의미한다. 쓰면 안 되는 표현 같지만 의외로 많이 쓰인다. 이성의 관심을 끌기 위해 매력을 한껏 어필한다든지, 여러 이성에게 다 잘해주며 '어장 관리'를 하는 사람에게 쓰는 표현이다. 여기서 나온 flirty는 '꼬리 치다, 끼 부리다' 정도의 뉘앙스이다. 그렇다면 "Is 'oppa' flirty?"라는 질문에는 어떻게 답하면 좋을까? 먼저 Actually Oppa means 'older brother' in Korean. But it also can be used by a younger girl to call an older guy. 원래 오빠는 나이 많은 남자 형제라는 뜻이야. 하지만 여자가 자신보다 나이 많은 남자를 부를 때도 써라고 사실 그대로의 의미를 말해주자. 덧붙여 It doesn't always sound flirty. But it can be used to sound flirty. 항상 끼 부리는 표현은 아니야. 하지만 그렇게 사용되기도 해 정도로 설명하면 된다.

한식은 이제 워낙 유명해서 외국인이 더 잘 알 때도 있다. 적어도 한 번쯤은 한식을 먹어봤고 각자 좋아하는 메뉴가 있을 정도다. 그럼에도 한국인에게 추천받고 싶어 하는데 그때는 You must try ○○. / ○○ is to die for.로 '강력 추천'의 의미를 함께 전달해주면 좋다. Chicken is good. 치킨이 맛있어 하는 것보단 You must try Chicken. 치킨은 꼭 먹어야 해, Chicken in Korea is to die for. 한국에서 먹는 치킨은 둘이 먹다 하나 죽어도 모를 정도로 맛있어로 말하면 다른 건 몰라도 그 음식만은 꼭 먹어보고 당신을 기억해줄 것이다. 덧붙여 We often have Chicken and beer while we watch sports games like Soccer, or baseball. 한국인들은 축구나 야구 같은 스포츠를 볼 때 치킨에 맥주를 먹어, Koreans tend to crave 파전 & 막걸리 when it's raining. 비 오는 날에는 파전에 막걸리를 먹어처럼 한국인만 알 수 있는 문화를 설명해주면 평범했던 한식도 특별하게 기억해줄 것이다.

오로지 한국인이라는 이유만으로 관심과 환대를 받고, 외국인들

먼저 한국 이야기를 꺼내다 보니 한국인은 자연스럽게 이야기의 주인공이 되기도 한다. 어깨가 으쓱해지는 순간들이다. 부담스러울 때도 있겠지만 그만큼 내가 대화를 주도할 기회가 많다는 의미이기도 하다. 그 기회를 놓치지 말고, 한국의 정보를 업데이트해준다는 느낌으로 맘껏 한국다움을 뽐내보자. 나의 정체성, 내가 어디서 왔는지 자신 있게 표현하면서 깊은 인상을 주고, 가장 한국스러운 것이 가장 세계적이라는 말을 실감할 수 있을 것이다.

꼭 자랑하고 싶은 한국 문화는 무엇인가요?

☐ I was born in Busan and raised in Seoul.

나는 부산에서 태어나 서울에서 자랐습니다.

☐ I grew up in Seoul. 서울에서 자랐습니다.

☐ Busan is the second largest city in Korea.

부산은 한국에서 두 번째로 큰 도시예요.

☐ Koreans use honorific expressions to communicate with elders.

한국 사람들은 나이 많은 사람에게 존댓말로 이야기해요.

☐ Koreans use honorific expressions to express respect to the person. 한국 사람들은 존중의 의미로 상대방에게 존댓말을 써요.

☐ Oppa actually means 'older brother' in Korean. But it also can be used by a younger girl to call an older guy.

원래 오빠는 나이 많은 남자 형제를 뜻해요. 하지만 여자가 자신보다 나이 많은 남자를 부를 때도 써요.

☐ It doesn't always sound flirty. But it can be used to sound flirty.

항상 끼 부리는 표현은 아니지만 종종 그렇게 사용되기도 해요.

☐ You must try Korean fried chicken. 치킨은 꼭 먹어야 해요.

☐ Korean fried chicken is to die for.

한국에서 먹는 치킨은 둘이 먹다 하나 죽어도 모를 정도로 맛있어요.

☐ We often have Chicken and beer while we watch sports games.

한국인들은 스포츠를 볼 때 치킨을 먹어요.

☐ Koreans tend to crave Pajeon & Makgeolli when it's raining.

한국인들은 비오는 날에는 파전에 막걸리를 먹어요.

☐ Koreans order Jajangmyeon to eat on movig day.

한국인들은 이사하는 날에 자장면을 시켜 먹어요.

☐ Koreans eat a bowl of Tteokguk in the morning of Lunar New Year's Day. Eating a bowl symbolizes getting a year older.

한국인들은 새해 첫 날 떡국을 먹어요. 한 살 더 먹는다는 의미예요.

Part 3.

어떤 말로도 부족하니까
한마디라도 한다

_다정하게 말하기

친구가 영어 표현을 물은 적이 있다. 상대방에게 안 좋은 일이 생겼고 힘든 상황을 겪고 있어 걱정되는데, 막상 만나면 뭐라고 해야 할지 모르겠다는 거다. '기운 내' '힘내'라는 표현인 Cheer up이 떠올랐지만, 동시에 이 표현을 제목으로 삼은 상큼발랄한 노래가 떠올라서 마음이 전해지지 않는다고 했다. 그 말을 하지 못했다는 친구의 말에 내심 안심했고, 그 표현에 상큼발랄한 이미지를 입혀준 노래에 감사했다. Cheer up은 마치 치어리더가 응원해주듯 격려의 의미에 가깝기 때문이다. 똑같은 '힘내'라는 말인데 '아 다르고 어 달라서 마음이 전해지지 않는다'는 친구의 깊은 마음에 내 마음도 일렁였다. 아 다르고 어 다른 진심 어린 한마디에 기운을 받았던 적이 있었기 때문이다.

생애 첫 이별을 했던 언젠가 세상이 끝난 것 같은 마음으로 지하철을 탔다. 출근 시간이라 사람들이 많았는데도, 뚝뚝 떨어지는 눈물을 주체할 수 없었다. 고개 숙인 내 눈앞에 티슈 몇 장이 스윽 나타났다. 화들짝 고개를 들어 보니 한 외국인이 내 앞에 서 있었다. 영문을 모르는 내게 그는 "It's going to be okay, sweetie. 다 괜찮아질 거예요, 자기"라며 휴지를 건넸다. 휴지를 받아들고는 우느라 정신 없었지만, 그 순간은 생생하게 기억에 남았다. 휴지를 건네는 손, 나지막한 목소리 톤, 다정하면서도 진심을 담은 호칭인 sweetie 등. 결국 그의 말처럼 다 괜찮아졌다. 각자에게 필요한 시간은 다르지만 결국 괜찮아지기 마련이었다.

위로의 마음을 전하는 건 한국말로도 쉽지 않다. '힘내'라는 말은 힘낼 기운도 없는 사람에게 아무런 도움이 되지 않는다고도 하고, '시간이 해결해줄 거야'라는 말은 지금 힘든 사람에겐 위로가 되지 않는다고도 한다. 우리는 상대방의 슬픈 마음을 결코 알지 못할 것이다. 어떤 말로도 부족할 것이다. 아이러니하게도 이러한 사실을 이해하고 나면, 위로하는 데 '영어'라는 사실은 문제 되지 않는다. 영어가 아니라 상대방의 슬픈 마음과 이를 위로하려는 마음이 더 중요하니까. 위로뿐 아니라 감사하는 마음, 사과하는 마음에도 해당하는 이야기다.

영어도 힘든데 마음까지 담뿍 담아야 하는 현실이 버겁게 느껴진다면, 〈Cheer up〉이라는 노래를 떠올린 친구에게서 도움을 얻을 수 있다. 바로 음악을 들으며 영어를 익히는 거다. 미드와 영화처럼 쉽게 접할 수 있지만, 노래로 영어를 익힌다는 생각은 잘 하지 않는 것 같다. 팝송에는 문법이 파괴된(?!) 말, 비속어에 가까운 격식 없는 말 등이 많다고 여기기 때문이다. 일견 맞는 말이기도 하다.

그래서 대화를 잘하고 싶은, 분위기와 뉘앙스를 알고 싶은, 그러나 또 공부까지 하긴 억울한 우리에게 노래는 제일 좋은 수단이다. 지금 유행하는 노래에는 동시대 사람의 말습관, 정서, 분위기가 가장 잘 담겨 있기 때문이다. 그리고 노래의 핵심이 되는 말을 잘 전달하기 위해 스토리, 분위기, 비슷한 말, 반댓말 등이 한 곡에 착실히 쌓여 있어 뉘앙스를 익히기에도 좋다.

한 예로 BTS의 노래 〈Butter〉에는 "Cool shades, stunner, yeah, I owe it all to my mother."라는 말이 있다. 먼저 shade는 그늘을 뜻하는데, 실생활에서는 '선글라스'를 지칭한다. 그래서 Cool shades.는 '선글라스 멋지다'는 칭찬의 의미다. stunner는 무언가 굉장히 반짝거리고 아름다울 때 쓰는 말인 stunning에서 나온 말로, 즉 그런 사람, '멋진 사람'이라고 해석할 수 있다. 마지막 말에 있는 owe it all to someone.은 '이 모든 게 다 누구 덕분이다'며 정말 감사를 표하는 사람에게 쓴다. BTS는 I owe it all to my mother. 이렇게 멋진 나, 다 우리 엄마 덕분이지 / 엄마를 닮아서지라고 하며 엄마에게 감사하는 듯 결국 자신을 당당하게 표현했다. 조금 다른 이야기지만 BTS가 외국에서 인기를 얻은 이유로, 기존의 팝 가사들과는 달리 희망차고, 어떤 상황에서든 자신을 잃지 않고 당당하며, 격려하는 분위기를 전하기 때문이라는 기사를 본 적 있다. 그 느낌 그대로 친구들과 있을 때 농담 반 진담 반으로,

거기에 더해 모두가 아는 이 노래의 음을 실어 말한다면 분위기도 띄우고, 센스 있는 사람으로 거듭나지 않을까. 당장 빌보드의 The Hot 100 Chart를 검색해보자. 자신의 취향에 맞는 노래의 한 구절이나 구간을 골라 이번 주의 목표로 삼자. 미드나 영화 보기가 지루해졌거나 일상의 말이지만 좀 더 아름다운, 깊이 있는 말, 요즘 유행하는 슬랭까지 익혀 대화를 좀 더 풍부하게 만들 수 있을 것이다.

고마움, 미안함, 축하, 위로 등 우리 삶에 꼭 필요한 말이 있다. 아무리 영어 표현을 익혀도 그 마음을 다 말할 수 없겠지만, 그래도 좀 더 전하려고 애쓰는 그 마음이 소중하다. 그런데도 '아 다르고 어 다른' 것에만 신경 쓰느라 한마디도 제대로 하지 못하는 사람이 많은 것 같아 안타깝다. '안 하느니만 못하지 않을까요' 하지만, 말하지 않으면 모른다. 실수했더라도 오해란 풀리기 마련이고, 실수할까 걱정된다면 최대한 간단하지만 강력하게, 자신의 입에 익숙한 말로 마음을 전하면 된다. 고마운데 정말 정말 고마울 때, 미안한데 진짜 진짜 미안할 때, 메신저에 뜬 생일 알람을 보고 늦었지만 생일을 축하할 때 등 마음을 전해야 하는 순간은 언제나 있는 법이니까.

Thank you.

듣는 사람도, 하는 사람도 기분 좋은 말 Thank you! 이보다 더 고마운 마음이 든다면 very much나 so much를 붙인다고 배웠지만 그마저도 충분하게 느껴지지 않을 때가 있다. 또 주문한 음식을 가져다준 웨이터에게 말하는 Thank you.와 잃어버린 지갑을 찾아준 이에게 건네는 Thank you.의 느낌도 분명 다르다. 상황과 내 마음의 크기에 맞게 고마움을 전하는 말들이 여기 있다.

I owe you one.

고마움을 표현하는 다양한 방법

_휴 잭맨처럼 마음껏

종종 사람들은 만나본 할리우드 배우 중 누가 가장 좋았냐고 묻는다. 인터뷰에 응해주는 인터뷰이 모두에게 감사하고 영광스럽지만 그중에서도 특히 휴 잭맨을 잊을 수 없다. 가장 많이 인터뷰한 배우이기도 하고, 고마운 마음을 여러 말로 잘 표현할 줄 아는 사람이기 때문이다. 그와는 2011년 〈리얼 스틸〉이라는 영화로 호주 시드니에서 처음 만났다. 링 위에서 승부를 펼치는 로봇 파이터의 이야기인 만큼 인터뷰도 시드니의 작은 복싱장에서 이뤄졌다. 보통 인터뷰 전엔 영화뿐만 아니라 배우의 최근 기사, SNS를 통해 근황을 숙지해가는데 당시 휴 잭맨의 근황은 유달리 재밌었다. 그의 딸이 한복을 입은 채 씽씽카를 타는 파파라치 사진이 화제가 됐기 때문이다. 사진 속 딸의 모습이 너무 귀여워서 인사동에서 직접 그 한복에 어울릴 만한 전통 무늬의 작은 핸드백을 사 선물했다. 그는 엄청 놀라며 감사 인사를 건넸다.

You shouldn't have! Thanks a million, Angela.
뭐 이런 걸 다! 정말 정말 고맙습니다. 엔젤라!

그는 카메라가 꺼진 후에도 계속 너무너무 고맙다며 딸에게 잘 전해주겠다고 했다. 작은 선물이었지만 그가 진심으로 고마워한다는 것을 느낄 수 있었다.

그 후로도 〈엑스맨〉〈더 울버린〉〈레 미제라블〉〈프리즈너스〉 〈위대한 쇼맨〉 등 다양한 작품으로 그를 만났다. 첫 인터뷰는 처음이라 인상 깊었고, 두 번째는 내 얼굴을 보자마자 "Hey, 짱girl! Long time no see!" 하며 나를 기억해주는 모습에 놀랐다. '짱'은 처음 만났을 때 "'Awesome'은 한국어로 뭐라고 해?"라고 묻는 그에게 기억하기 쉽도록 짧게 알려줬던 말이었다. 단순히 몇 가지 질문을 묻고 답하는 짧은 인터뷰를 넘어서 상대방을 알아가려는 내 노력에 응답해준 인터뷰이가 바로 휴 잭맨이다.

그와 나눴던 평생 잊지 못할 대화도 있다. 당시 프로그램에서 하차하게 되면서 〈위대한 쇼맨〉 인터뷰가 그와의 마지막 만남일 것 같아 인사를 건넸다. "오랫동안 하던 프로그램을 떠나서 요즘은 영화 프로그램에서 프리랜서로 활동하게 됐어요. 아마 볼 기회가 조금은 줄어들 것 같아요."라고 상황을 설명했다. 신작 영화에 대해 인터뷰할 기회는 여전히 많긴 했지만, 소위 메이저 프로그램을 나오면서 아무래도 이전보다는 어려워질 것 같다는 이야기였다. 그간 모든 것을 쏟아부었던 프로그램을 떠나니 약간의 두려움과 걱정이 깔려 있던 시기이기도 했다. 그는 차근히 상황을 듣고 정성껏 답해주었다. Thank you very much.로는 표현할 수 없을 만큼 너무 고마웠다.

Change is always good. Don't be afraid to start something new. I know you will do just fine. Wish you all the best of luck, Angela!

Mr. Jackman, I can't thank you enough. This means a lot to me.

변화는 항상 좋은 거야. 새로운 출발을 두려워하지 마. 잘할 거라고 믿어. 잘 되기를 기도할게, 엔젤라!

뭐라고 감사드려야 할지 모르겠어요. 저에게는 정말 큰 의미예요. 정말 감사해요.

말이라는 게 전혀 그런 의도가 아니었는데, 신경을 쓴다고 썼는데도, 오해를 불러일으킬 때가 많다. 많은 사람 앞에서 말해야

파이팅 대신 OWN IT!

하는 사람이니만큼 더 많은 오해가 생기는 상황을 마주할 때면 말을 줄이는 것만이 답인가 싶을 때도 있었다. 이게 정답인지는 여전히 모르겠지만, 한 가지 확실한 게 있다. 고마움을 전하는 말은 아무리 많이 해도 지나치지 않는다는 것. 내 선물에 휴 잭맨은 선물의 어떤 점이 마음에 드는지, 딸이 왜 좋아할 것 같은지 등 고맙다는 말을 백 번 정도 한 것 같아 오히려 내가 더 고마울 정도였다. 마지막 대화에서 그가 건넨 말에 나도 고맙다는 말을 백 번 정도 하고 싶었다. 여러 번 해도 받는 사람도, 건네는 사람도 모두 즐거울 수 있는 말은 고맙다는 말이 유일하다고 깨달았다.

고맙다는 말만큼 쉽고 빠르게 사람을 기분 좋게 하는 말도 없다. 문을 열고 들어가다 습관적으로 뒤따라오는 사람을 위해 문을 잡았을 뿐인데 고맙다는 말을 듣고 시작하는 하루는 여느 날과 다르다. 사회적으로 팁을 주기로 약속된 만큼 당연하게 팁을 주었을 뿐인데 고맙다는 말을 들으면 새삼 그가 해준 모든 서비스가 얼마나 친절하고 완벽했는지, 덕분에 얼마나 좋은 시간을 보냈는지 알 수 있기도 하다. 고마울 일이 많다는 사실에 또 고맙다.

Thank you.는 그런 마음을 전하는 데 그 자체로도 충분하고 좋은 말이지만 고마운 마음을 표현하기 위해 Thank you.만 계속 외칠 수 없다. '진짜 고마워' '진짜진짜 고마워' '정말 지인짜,

진짜 고마워'처럼 우리도 진짜나 정말이라는 말을 붙이는 것처럼 영어로도 다양하게 표현할 수 있다. 예를 들어 무게를 세는 단위인 톤을 쓴 Thank you tons!는 '몇 톤 트럭으로도 고마운 마음을 담기 모자라네요' 정도의 뉘앙스를 전할 수 있다. 비슷한 의미로 Thanks a million.은 '백만 번 말해도 모자라다'는 뉘앙스를 전할 수 있다. Thanks a bunch.의 bunch는 '묶음, 다발'이라는 뜻으로, 고마운 마음을 꽃다발처럼 한가득 전하고 싶을 때 쓰면 된다.

Thank you. 자체를 쓰지 않고도 고마움을 표현할 수도 있다. 자주 사용되는 You made my day.는 상대방의 호의나 친절 덕분에 '나의 하루가 완성되었다' '하루가 완벽해졌다'는 의미다. You are my life savior.는 큰일 날 뻔했는데 '구세주' '구원자'처럼 나타난 상대방 '덕분에 살았다'는 의미다. 큰 은혜를 입었을 때는 말 그대로 I owe you one. 제가 신세를 졌네요 하며, 고마움 이상으로 '기억하고 꼭 갚을게'라는 진심을 전달할 수 있다. 말이 안 나올 정도로 감사할 때도 그 심정 그대로 말하면 된다. You have no idea how thankful I am! 제가 얼마나 감사한지 아마 모르실 거예요, It means so much to me. 저에게는 정말 큰 의미가 있어요. 정말 감사해요 하고 말이다.

고마운 마음을 이루 다 표현하기 어려울 때, 헤어지고 나서도 그 사람이 계속 생각나 인연을 이어가고 싶을 때, 언제 다시 만날지

기약은 없지만 그 마음을 전할 수 있는 고마움의 기술이 하나 남았다. 바로 Thank you note를 쓰는 것이다. 처음 Thank you note를 쓴 건 고등학생 때였다. 치어리더팀에 속해 주 대회, 지역 대회에 참가하러 가는 길, 식당에서 밥을 먹고 나면 코치님은 냅킨 하나를 돌리며 웨이터에게 Thank you note를 쓰게 했다. 한꺼번에 우르르 들어와 바쁠 법한데도 좋은 서비스를 해준 웨이터에게 고맙다는 말을 남기라는 의미였다. Thanks for a great meal! / We had a wonderful time here, thanks! 등 짤막한 문구가 적힌 냅킨과 팁을 함께 두었던 그 장면이 두고두고 생각나 지금도 Thank you note를 쓴다. 그때처럼 실생활에서까지 일일이 챙기지 못하더라도, 비즈니스 미팅, 알게 된 좋은 인연들에 대한 고마움, 앞으로도 인연을 이어나가고 싶은 마음을 담아 짤막하게 이메일 또는 문자를 보낸다.

Thank you note는 뭐라고 쓸까 고민하기보다는 자신만의 틀을 갖춰놓고 고마운 마음이 채 가시기 전에, 새로운 일이 벌어지기 전에 보내는 게 좋다. 길게 쓸 필요도 없이 서너 문장으로 정리하면 된다. 고마웠던 점, 만남에 대한 소감이나 상황, 다음 만남에 대한 기약이나 앞으로의 일정이나 계획을 정리하는 순으로 적으면 된다. 끝맺음에 Sincerely. / Kind regards. / Best regards. 등만 붙여줘도 격식 있는 마무리, 감사 인사를 전할 수 있다. 경조사에 참석해준 고마운 사람들, 함께 협업한 파트너 등에게 전하는 Thank you note는 상대방에게 나를 확실하게 각인시키고, 나의 진심을 전하는 꽤 괜찮은 방법이다. 고맙다는 말은 아무리 많이 해도 충분하지 않고 지나치지 않으니 끝까지 마음껏 말해보자.

지금까지 가장 고마웠던 일은 무엇인가요?

고마움의 강도가 큰 순서대로

Thanks. Thank you. ⟨ Thank you so much. / I appreciate it.
⟨ Thanks a million. / Thank you tons. / You are awesome. / You
are the best! ⟨ I can't thank you enough. / You made my day! / It
means so much to me. ⟨ You are my life savior. / I owe you one.

Thank you note 쓰는 법

Dear ○○.

How was your flight back home? We hope you had a safe trip
back. 집으로 돌아가는 여정은 어떠셨나요? 안전하고 편안하게 돌아가셨길
바라요. I just wanted to say thank you for the meeting we
had. 이번에 함께 진행한 미팅에 대해 감사하다고 전하고 싶습니다. I really
appreciate your time and effort. 들이신 시간과 노고에 감사드립니다. I'm
looking forward to working with you in the future. 앞으로 함께
일할 날들이 기대됩니다. Please keep me updated. And let me know if
you have any questions. 진행되는 사항들에 대해 알려주세요. 그리고 질문이
혹시 있으시면 알려주세요. Thanks again for everything. See you soon!
다시 한 번 감사드리고요. 곧 봬요! Kind regards, ○○. 마음을 담아, ○○.

No, I'm not. ^^;; ─

'영어로 대화할 때는 당당함이 키포인트'라는 말은 절반만 맞다. 당당하기만 하거나 당당함이 지나쳐 거만한 사람과는 좋은 관계를 유지할 수 없다는 건 만국 공통이기 때문이다. 위 문장의 진정한 의미는 무작정 겸손하기만 하면 안 된다는 뜻이다. 상대방에게 칭찬을 받고 쑥스러워하느라 대화가 끊겼다면, 분위기가 어색해졌다면, 자신감 없는 모습으로 보였을까 봐 후회한 적이 있다면, 당당한 겸손함을 익혀야 한다. 칭찬은 기꺼이 기쁘게 받고, 알아봐준 상대방에게 고마운 마음까지 전달하는 게 키포인트다.

I'm flattered!

칭찬을 당당하게
받아들이는 것도 겸손이다

_레이첼 맥아담스처럼 상냥하게

사랑스러움 그 자체인 레이첼 맥아담스를 만난 건 해리슨 포드, 다이안 키튼과 열연한 〈굿모닝 에브리원〉 홍보 인터뷰 때였다. 많은 사람들이 최애 영화 중 하나로 꼽는 〈노트북〉 속 첫사랑 캐릭터처럼 그의 첫인상은 참 맑았다. 인터뷰하면서 미리 준비해두었던 파파라치의 사진 한 장을 꺼냈다. 인상착의로 보아 한국인 커플인 듯한 두 사람이 정거장에 앉아 있는 레이첼에게 다가가 길을 묻는 모습의 사진이었다. 레이첼 맥아담스를 앞에 두고도 못 알아본 커플을 안타까워하는 반응과 아무렇지 않게 친절하게 길을 알려주는 그의 모습에 반한 사람들의 반응이 국내에서 소소하게 화제되었던 참이었다. 그에게 당시 상황을 물으니, 버스를 기다리는데 사람이 다가와 길을 물으니 당연히 안내해주었을 뿐이었다고 말했다.

That is why your fans love you so much, because you are always so sweet to everyone!

You are too kind. I'm flattered.

그런 모습에 팬들이 당신을 무척 좋아하나 봐요, 모두에게 언제나 다정하고 친절하시잖아요!

당신도 친절해요. 과찬이세요.

'친절하시네요' '좋은 분이시네요' 같은 말을 들으면 우린 아마 이렇게 반응할 것이다. 약간의 미소와 가벼운 손사래, 그리고 한마디. '아~유~, 아니에요~' 지면상 물결 표시로밖에 표현할 수 없는데 이 물결 표시가 그냥 있는 게 아니라는 걸 한국 사람이라면 다 안다. 물결 표시 있는 곳에선 분명하게 말을 늘어뜨리고 제스처까지 해야 이런 의도를 전달할 수 있다. '칭찬해주셔서 고맙습니다, 좀 잘하긴 했지만 아직 부족해요, 근데 좀 잘하긴 했죠, 아이고 쑥스럽네요…' 말만 놓고 보면 부정적이지만 사실은 긍정적이면서, 당당함이나 자신감보다는 겸손에 가깝지만, 그러면서도 딱히 부정하지 않는… 미묘한 말이지만 한국인의 겸손한 모습을 가장 잘 보여주는 말이라고도 생각한다.

문제는 영어로는 이 뉘앙스를 어떻게 표현해야 할지 몰라 당황한다는 사실이다. 옷이나 아이템이 잘 어울린다고 칭찬하는 것은 간단한 인사이기도 하다는 것을 앞서 익혔으니 Thank you.라고 답하고 자연스럽게 넘어가면 다행이다. 그런 인사성 칭찬이 아니라 진짜 칭찬이라면 어떨까. 쉽게 Thank you.가 나오진 않을 거다. 거만한 것 같기도 하고, 덥석 인정하는 것 같아 쑥스럽기도 하고, 겸손을 미덕으로 삼아온 사람이라면 더더욱 당황할 것이다. 그럴 땐 어렵게 생각하지 말고 칭찬받은 만큼 돌려준다는 마음과 덧붙일 말을 익혀두면 좋다.

레이첼의 대답 중 You are too kind.가 좋은 예다. 그냥 You are kind.라고 해도 되는데 too만 더해, 칭찬을 건넨 상대에게 '칭찬해줘서 정말 고마워'라고 인사도 함께 건넨 격이다. I'm flattered. 역시 좋은 표현이다. 나의 어깨가 으쓱할 정도로 기분 좋은 말, 내가 느낄 때 과찬이라고 생각될 때 사용하면 된다. 칭찬받았을 때 단순히 고마워하는 것을 넘어서 겸손함을 어필하고 동시에 상대에게도 칭찬을 건넬 수 있다.

겸손의 기술이 빛을 발하는 순간 중 하나로 상대방에게 선물 받을 때를 꼽을 수 있다. 생각지도 못한 순간에 선물을 받는다면 보통 '뭘 이런 걸 다' '안 주셔도 되는데요'같이 고마운 마음과 어쩔 줄 모르는 마음이 동시에 든다. 그 마음 그대로 You shouldn't have.라고 말하면 된다. 그 밖에도 How nice of you to say that. 그렇게 말해주다니 정말 고마워요, Thanks, I really appreciate that. 정말

파이팅 대신 OWN IT!

감사드려요, I don't know what to say! (너무 기분이 좋아서 / 너무 감사해서 등 상황에 맞게) 뭐라고 해야 할지 모르겠네요!도 평소 우리가 하는 말과 비슷한 표현이다. 볼이 빨개지는 버릇이 있다면 You are making me blush! 또는 I'm blushing. 부끄러워서 얼굴이 빨개졌네요라고 말해보자. 사실 정말 볼이 빨개지지 않아도 된다. 그런 느낌이 들 정도로 과찬이라는 마음을 재밌게 전하면 된다. 겸손함과 감사의 마음이 담긴 이 말들은 비즈니스 미팅 등 격식 있는 자리에서 사용해도 무방하다.

즐겨 보는 미국 토크쇼 중 엘렌 드제너러스의 〈The Ellen Show〉가 있다. 엘렌은 유명 인사들의 인터뷰어로 잘 알려졌지만 일반인에게 웃음을 주고 마음을 나누는 것으로도 유명하다. 어려운 사람에게 통 크게 집을 선물하거나 선행으로 화제가 된 사람들을 직접 초대해 장학금을 지원하는 등 그의 선행은 보고만 있어도 행복해진다. 그런 그가 쇼를 마칠 때마다 하는 마무리 인사가 있다. "Be kind to one another!" 서로에게, 모두에게 친절하세요! 그가 말하는 '친절'은 조건 없이 누군가를 도와주는 것은 물론이거니와 도움을 받은 상대방의 감사 인사도 친절하게, 조금은 떠들썩하게 받는 것도 포함한다. 오른손이 한 일을 왼손이 모르게 하는 게 우리 정서지만 자신의 선행을 드러내고 그 감사 인사도 당당하게 받는 것, 칭찬에 인색하지 않는 것만큼이나 칭찬을 받아들이는 것에도 인색할 필요가 없다고 생각했다. 칭찬을 기꺼이 받아들이는 과정에서 상대방에게도 한 번 더 친절을 베풀 수 있으니까. 그러면 점점 더 많은 사람이 친절할 수 있지 않을까 하는 마음에서다.

겸손이 당당함의 반대말은 아니다. 우리는 외국인 하면 흔히 당당함, 자신감을 떠올린다. 영어를 배울 때도 당당하라는 말을 많이 들었다. 그래서인지 겸손함을 영어로 어떻게 전할지 생각조차 하지 않거나 어색해하거나, 겸손함 자체를 영어권 문화에 어울리지 않는다고 생각한다. 이유야 어찌되었든 이것도 일종의 오해다. 외국인에 대한 오해이기도 하고, 겸손에 대한 오해이기도 하다. 겸손도 일종의 당당함, 자신감이다. 상대방이 알아봐준 능력, 태도, 마음 등은 당신이 원래 갖고 있던 것이다. 가장 나다운 모습을 받아들이고, 그런 모습을 알아봐준 상대에게 감사 인사를 건넬 수 있다면 당당한 겸손함을 익힐 수 있다.

최근 받았던 칭찬의 말에 어떻게 답했나요?

OWN IT! Make it mine ─────────────────────────────▶

☐ You are too kind. 당신도 친절하세요.

☐ I'm flattered. 과찬이에요.

☐ How nice of you to say that. 그렇게 말해 주다니 정말 고마워요.

☐ Thanks, I really appreciate that. 정말 감사드려요.

☐ I don't know what to say!

 (너무 기분이 좋아서 / 너무 감사해서 등) 뭐라고 해야 할지 모르겠네요.

☐ You shouldn't have.

 뭘 이런 걸 다. 안 그러셔도 되는데요. (감사합니다.)

☐ You are making me blush. 부끄러워서 얼굴이 빨개졌네요.

☐ I'm blushing. 부끄러워서 얼굴에 확 열이 오르네요.

☐ Be kind to one another! 서로에게, 모두에게 친절하세요!

I'm sorry.

사과할 상황을 일부러 만드는 사람은 없다. 의도하지 않고, 예상하지 못한 상황에 해야 하는 경우가 많다. 그리고 그 어떤 것보다 타이밍이 중요한 말이기도 하다. 길을 가다가 누군가의 어깨를 부딪치거나 실수로 남의 발을 밟았을 때 등 가벼운 실수부터 진심으로 사과해야 하는 상황에서도 너무 늦지 않게 건넬 수 있도록 익혀야 한다. 적절한 때에 건넨 한마디 사과가 늘 하는 수백 번 말보다 더 효과적일 수 있다.

I
sincerely
apologize.

의도하지 않았지만
미안할 때가 있는 법이다

_로다주처럼 재빨리

아이언맨, 로버트 다우니 주니어를 인터뷰하기 위해 '어벤져스' 시리즈 신작 홍보 일정이 있는 LA로 날아갔다. 이름의 앞글자를 따서 '로다주'라는 애칭을 붙일 만큼 많은 사랑을 받는 그를 만나는 것만으로도 설렜는데, 영화 속 슈퍼 히어로들을 모두 만날 수 있다니 어벤져스 시리즈 팬으로서도 감사한 기회였다. 촉박하게 짜인 인터뷰 스케줄과 장거리 비행으로 몸과 마음이 지쳐 있을 때가 많았지만, 이런 기회를 마주하면 '아무래도 이 일 하기 참 잘했다' 싶을 때가 있다.

10명 정도 되는 슈퍼 히어로들을 모두 만나기 위해 내 순서를 기다리기 시작할 때만 해도 기분 좋은 긴장감을 느꼈다. 하지만 시간이 지날수록 긴장감에 불안이 더해졌다. 서울로 돌아가는 비행기 시간이 다가오고 있었기 때문이다. 할리우드 배우들을 만나는 건 무척 영광이었지만 촉박한 스케줄에 가끔은 숨이 쉬어지질 않았다. 대략 이런 상황이다. 정킷 인터뷰가 있는 해외 도시로 10시간 이상을 날아가 짧게는 24시간, 길게는 2박 3일 정도 체류하며, 보통 5분에서 길게는 7~8분의 인터뷰 기회를 얻고, 다시 토요일 생방송 시간 전까지 한국으로 돌아와야 하는 미션 같은 상황이다. 비행기 시간을 고려해 앞 시간대에 인터뷰를 할 수 있도록 미리 배려받았지만, 많은 배우들과 세계 각국의 여러 매체들이 만나는 인터뷰는 예정 시간대로 진행되지 않는 경우도 많았다.

그날도 우여곡절 끝에 여러 명의 배우를 모두 후다닥 만나고 마지막 한 명을 기다리고 있었다. 그를 기다리면서 1시간 안에만 출발하면, 40분 안에만 출발하면, 그러다 20분여밖에 남지 않은 상황까지 갔다. 발을 동동 구르며 초조하게 순서를 기다리던 나는 화장실에 다녀오던 Mr.로다주와 딱 맞닥뜨렸다. 그는 나를 보자마자 사과부터 했다.

I sincerely apologize for the delay. There's so many of you waiting!

Don't worry about it. See you in there soon!

지연되고 있어서 정말 미안해요. 기다리는 분들이 너무 많구면!

괜찮습니다. 안에서 곧 봬요!

충분히 있을 수 있는 상황이었고 배우의 잘못도 아닌데 그의
매너 있는 사과를 듣자 불안하고 초조했던 마음이 차분해졌다.
짧은 대화에 이어 바로 나의 이름이 호명되었고, 아이언맨의 영화
이야기, 로다주의 유머러스한 화법에 매료되어 행복하고도 숨 가쁜
인터뷰를 할 수 있었다. 그리고 공항까지 달리고 달려 게이트가
닫히기 직전에 탑승해 무사히 한국으로 돌아왔다.

사과의 말만큼 어려운 말도 없다. 사과해야 할 것을 알면서도
잘못을 저지르는 경우는 드물고, 대부분 의도치 않게 그 상황이
벌어진다는 점에서 모두가 당황스럽다. 사과를 받는 입장이라고
생각해보자. Sorry.도 충분히 좋은 표현이지만 상황에 따라
부족하게 느껴질 수도 있다. '할 말이 저게 다야?' '영혼이 없네'
하는 생각이 드는 순간 서운함이 깊어진다. 사과를 하는 입장도
마찬가지다. 의도하지 않은 일에 얼마나 사과해야 할지 자신도
당황스러운 와중에 사과의 말을 건넸지만 상대방이 마뜩잖아할 때
그 또한 서운한 마음이 깊어진다. 한 번 시작되면 걷잡을 수 없이
깊어지는 게 나쁜 감정의 특성인지, 그 안에서 헤어나오지 못하는
사람들을 많이 봤다.

그래서 사과의 말은 '충분히' 많이 하는 것보다는 늦지 않게 '빨리' 하는 게 중요하다고 생각한다. 서운함이 깊어지기 전에, 서운함을 느끼기도 전에 말이다. Sorry. 나 My bad. 처럼 짧고 간단한 말은 반사적으로 튀어나와 일상적으로 사용할 수 있도록 익혀두는 게 좋다. 길을 가다 부딪쳤을 때, 누군가의 발을 밟았을 때, 본의 아니게 새치기를 한 꼴이 되었을 때 등 상대방이 자신 때문에 불편함을 조금이라도 느낀 것 같으면 언제든지 건네야 한다. 그 상황이 정말 기분 나빴던 사람에겐 서운함의 골짜기에서 한 발짝 정도 멀어지게 도와줄 것이고, 기분 나쁘지 않았던 사람에겐 배려받았다는 느낌을 줄 수 있다.

불가피하게 좀 더 깊은 사과를 해야 하는 상황이라면 Sorry. 보다 더 정중한 말들을 건네자. I apologize. 또는 I apologize for ○○. 를 사용하면 된다. 로다주처럼 sincerely 같은 단어를 넣어 명확하게 나의 마음을 표현하는 것도 좋다. 상대방의 불편한 마음을 충분히 공감하고 있다면 I feel terrible. / I feel bad. 하며 손으로 자신의 심장 쪽을 지그시 누르는 제스처를 취해보자. 우리도 정말 마음이 안 좋을 때 하는 제스처인 만큼 외국인들도 진심으로 사과할 때 많이 하는 행동이다. 또한 I didn't mean it. / I didn't mean to offend you. / It wasn't my intention. 그럴 의도는 아니었습니다(죄송합니다) 나의 의도가 아니었음을, 악의가 없었음을 전달하는 말들은 상대방의 마음을 누그러뜨릴 수 있을 것이다. It won't happen again.다시는 이런 일 없도록 할게요, It's all my fault, It's all on me. 모든 게 제 책임입니다처럼 변명하지 않고 책임지는 모습을 보여줌으로써 신뢰를 회복할 수도 있다. 그래도 상대방의 화가 풀리지 않았다면? 좀 더 성의를 보이며 Is there anything I can do? 내가 할 수 있는 게 있을까? 하고 물어봐도 좋겠다. 변화된 행동으로 보여주는 게 진정한 사과일 테니 말이다.

화를 누그러뜨린 사과의 말을 들어본 적 있나요?

미안함의 강도가 큰 순서대로

Sorry / My bad.

⟨ I'm so sorry / My apologies.

⟨ I'm truly sorry / I apologize.

⟨ I owe you an apology. / That was wrong of me.

⟨ I take full responsibility. Hope you can forgive me.

⟨ I sincerely apologize. / It won't happen again.

☐ I didn't mean it. 그럴 의도는 아니었습니다.

☐ I didn't mean to offend you. 당신에게 그럴 의도는 아니었어요.

☐ It wasn't my intention. 제 의도는 그게 아니었어요.

☐ It's all my fault. 모든 게 제 불찰입니다.

☐ It's all on me. 다 제 탓이에요.

☐ It won't happen again. 다시는 이런 일 없도록 하겠습니다.

☐ Is there anything I can do? 제가 할 수 있는 게 있을까요?

Happy birthday! ———

좋은 친구란 기쁠 때도 슬플 때도 함께하는 사람이라 말한다. 이를 잘 아는 우리는 지인의 경조사를 챙기는 데 익숙하지만 막상 영어로는 어떻게 그 마음을 표현해야 할지 망설이는 경우가 많다. 이번 기회에 여러 말을 익혀 해외에서도 지인의 기쁜 일, 슬픈 일을 함께해보자. 어느새 그들에게 좋은 친구가 되어 있는 자신을 발견할 수 있을 것이다.

Happy belated birthday!

기쁠 때나 슬플 때나
한마디로라도 함께하자

_브래드 피트처럼 늦게라도

영화 〈퓨리〉 홍보차 내한한 브래드 피트를 만났다. 이번이 처음은 아니었다. 〈월드워Z〉로 내한했을 당시 레드카펫 인터뷰를 통해 만난 적 있었다. 말 그대로 배우가 레드카펫을 걸으며 팬들에게 인사하고 인터뷰하는 형식인데, 언론 인터뷰 자리는 보통 레드카펫의 끄트머리에 있다. 팬 한 명이라도 더 만나고, 사인을 해주며 더 많은 시간을 할애할수록 내가 있는 자리까지 오는 데 오래 걸린다. 브래드 피트도 그중 한 사람이었다. 기다림에 익숙하지만 브래드 피트를 만날 때는 조금 달랐다. 그날따라 비가 많이 내렸기 때문이다. 비를 흠뻑 맞으면서도 '친절한 빵아저씨'라는 별명답게 팬들을 사랑하고 표현할 줄 아는 사람이었다.

그 후에도 〈조 블랙의 사랑〉 〈티벳에서의 7년〉 등 작품을 통해 그를 지켜봤다. 시간이 지나면서 무르익은 건지 그간 젊은

날의 미모에 가려져 있었던 건지 점점 더 좋은 연기를 보여주면서 팬들을 직접 만나기 위해 다시 한국에 와준 것도 고마운 일이었다. 그날 함께했던 PD는 인터뷰하기 며칠 전부터 바들바들 떨었다. 브래드 피트의 오랜 팬이라 너무 떨려서 잠도 제대로 못 잤다고 했다. 그가 설레는 마음으로 현장에 온 것을 보니 뭐라도 해주고 싶었다. 인터뷰가 끝난 후 떠나려는 브래드 피트에게 부탁했다.

My producer is a big fan of yours. And it was actually his birthday yesterday. Can he get a picture with you as a birthday present?
저희 피디님이 당신의 big fan이에요. 어제 생일이기도 했고요. 생일 선물로 사진 한 장 부탁드려도 될까요?
(PD를 보며) Happy belated birthday!
늦었지만 생일 축하해요!

생일 선물을 받은 PD는 생애 제일 큰 생일 선물이라며 두고두고 좋아했다. 생일 당일 날 챙겨준 우리는 뭐가 되냐며 핀잔 섞은 농담을 했지만 사실 그 PD만큼이나 주변 사람들도 기뻤다. 좋은 일을 오래 축하하는 기분이었달까. 하루하루가 생일인 것 같은 분위기였다. 어쩌면 좋은 일을 축하하는 데에 늦은 때라는 건 없다는 생각도 들었다.

가장 쉽게 접할 수 있는 좋은 일은 바로 생일이다. 브래드 피트처럼 미처 생일 당일에 축하 인사를 건네지 못했을 때 '늦었지만 생일 축하해'라고 말할 때는 Happy Birthday.에 '뒤늦은'이란 단어를 넣어 Happy belated birthday!라고 말하면 된다. SNS에서 뒤늦게 생일을 알았을 때 메시지를 보내거나 댓글을 남겨보자. 생일 외 축하할 일에는 Congratulations on ○○ 또는 짧게 줄여서 Congrats! 하고 외치며 마음을 전하면 된다. 이사, 이직, 퇴직 등 새로운 시작을 앞두고 있는 이에겐 Congratulations on your new start!로 앞날을 응원할 수도 있고, Congratulations on your promotion! 승진 축하드려요, Congratulations on your achievement. 상 받으신 것 축하드려요, Congratulations on your wedding! 결혼 축하해요! 등 구체적인 상황에서 다채롭게 사용할 수 있다.

외국에선 축하할 일에는 파티를 빼놓지 않는데 그때 초대장을 받는 경우가 있다. 우편, 이메일, 문자 등 다양한 형태로 받을 수 있는데 어떤 형식이든 하단에는 RSVP가 종종 적혀 있다. RSVP는 프랑스어 'Respondez s'il vous plait'의 줄인 말인데 '참석 여부를 알려주세요'라는 의미다. 주로 Please RSVP to the invitation. 형태로 쓰인다. RSVP를 통해 행사의 규모를 예상하고 준비하는 경우도 많기 때문에 참석 여부에 관해서 답장해주는 것이 좋다. 참석할 수 있다면 I will be there! / I'm in! 하며 적극적으로 참석하겠다는 의사를 보여주고, 참석할 수 없다면 'I'd love to be there but 참석하지 못하는 이유'를 설명하며 축하 인사도 덧붙여보자. 예를 들면, I'd love to be there but I have plans. 가고 싶지만 선약이 있네요, I'd love to there but I have to work that day. 가면 좋겠지만 그날 일을 해야 해요라며 활용할 수 있다.

반대로 안 좋은 일이 생기면 어떻게 할까. 지인의 가족이 돌아가셨을 때 우리는 "고인의 명복을 빕니다"라고 말하는데, I am sorry for your loss.는 그 의미에 가까운 말이다. 여기서 loss는 상실이라는 의미로 가족을 잃은 마음에 대한 유감과 위로를 전하는 데 적절하다. 좀 더 격식 있게 표현하고 싶다면 '조의' '애도'의 뜻을 가진 condolence라는 단어를 써 My condolences.라고 말하면 된다. condolence에 꼭 s를 붙여 복수로 표현해야 한다. 단수로 표현해도 틀린 건 아니지만 s를 붙여 '깊이, 진심으로'라는 감정을 전할 수 있다. 힘이 되어줄 수 있는 표현들도 덧붙이면 좋다. Let me know if you need anything! 필요한 게 있으면 말만 해!, I'm just a phone call away. 필요하면 전화해! (달려갈게, 도와줄게), Be strong. / Hang in there. 기운 내 등이 있다.

개인적으로 나는 그 어떤 말보다 늦더라도 경조사를 챙기는 말에 더 애정이 간다. 그 말을 건네기까지 여러 마음이 담긴다고 생각하기 때문이다. 늦었지만 축하 인사를 건네기엔 파티가 끝난 후라 피로감만 더하는 것 아닌지, 위로의 말을 전할 때도 괜히 상처를 일깨우는 것 아닐지 조심스럽고 사려 깊은 마음이 담긴다. 그리고 나서도 결국에는 전하는 데 필요한 수고로움, 용기 등이 짧은 말에 가득 실려 있다고 믿는다. 자기 어필이나 상황을 설명하는 고급 영어는 미리 준비할 수 있지만 경조사의 말은 마음이 없으면 건넬 수 없기에 더 소중하다.

다가오는, 이제 막 지나간 주변 사람들의 경조사가 있나요?

☐ Congratulations on your promotion! 승진 축하드려요.

☐ Congrats! 축하해요.

☐ I am sorry for your loss. 고인의 명복을 빕니다.

☐ My condolences. 삼가 조의를 표합니다.

☐ Let me know if you need anything!

필요한 것 있으면 말만 해/전화해(도와줄게).

☐ I'm just a phone call away. 필요하면 전화해.

☐ Be strong. 기운 내요.

☐ Hang in there. 기운 내세요.

Part 4.

건강한 인간관계에는
선이 있다

_친절하게 말하기

영어에 대한 두려움 때문에 우리는 본의 아니게 소극적, 수동적으로 관계를 맺곤 한다. 상대방이 먼저 제안하는 것들을 승낙하거나 거절하는 수준에 머물러 있는 경우가 많고, 자신의 스타일대로 관계를 이끌고 싶다가도 문화가 다른 것은 아닌지 이 말이 무례한 것은 아닌지 하고 멈칫한다. 언어 때문에 그렇게 시작된 관계 속에서 어느샌가 나는 소극적이고 수줍은 사람으로 인식되고, 사람들과 잘 지내는 데 한계를 마주하는 것이다. 흔히 바라는 '영어를 잘하고 싶다'는 말은 적극적인 사람이 되고 싶다는 말과 다름없다고 생각한다.

평소에도 적극적인 성격이긴 하지만 인터뷰 현장에서 발휘한 적극성은 스스로도 새삼스러울 때가 있었다. 정킷 인터뷰를 자주 다니다 보니 현장에서 매번 마주치는 사람들이 생겼다. 싱가포르의 기자, 호주의 리포터, 일본의 평론가까지. 처음에는 눈인사만 하다가 마주치는 횟수가 많아지니 뭔가, 마음이 간지러웠다. 이걸 내적 친밀감이라고도 말할 수 있겠지만 '내적'인 것으로는 만족스럽지 않았다. 서로 다른 국적만큼이나 다른 문화일 테니, 혹 일터니까

파이팅 대신 OWN IT!

좀 쉬고 싶은 건 아닐까 하며 서로를 맴돌다가 결국 제일 참을성이 없는 내가 만남을 제안했다. "Do you guys have any plans tonight?" 오늘 밤에 뭐 특별한 계획 있어요?, "Let's grab a beer!" 맥주 한잔할까요? 하며 물었다. 빠듯한 일정 탓에 인터뷰 끝나자마자 공항으로 달려가는 일이 많았기에 가끔 얻는 한 끼 식사 시간을 알차게 쓰고 싶었다. 그 사람들도 마찬가지 아니었을까.

이렇게 시작된 인연은 인터뷰를 마치고 시간이 맞을 때 호텔 로비에 모여 현지 맛집을 찾아 나서거나 가볍게 와인이라도 한잔하며 이어갔다. 스케줄이 모두 달라 다음 만남을 늘 기약할 순 없었기에 그때그때의 만남에 충실해야 했다. 그러기 위해서 나도, 그 친구들도 적극적으로 자신의 의견을 말해야 했다. 좋은 것뿐만 아니라 나쁜 것도, 이를 테면 상대방의 행동이 자신에게 얼마나 불편한지를 말이다.

본의 아니게 제일 불편한 사람이 나일 때도 있었다. 좋아하는 사람에게 식사를 대접하고 싶은 마음에 말없이 스윽 계산하면 외국인 친구들은 당황하거나 의아해했다. 일 덕분에(?!) 늘 한국을 대표한다는 마음에서, 한국인의 정이 있으니까, 익숙하고 자연스럽게 한 나의 행동은 외국인 친구들에게 섣부른 행동이었다. 내가 당연하게 여기고 행동하는 것은 결국 나 혼자 편한 일일 뿐이었다. 함께 시간을 보내고 싶은 이들 모두에게 당연한 문화를 갖출 필요가 있었다. 각자의 몫을 각자가 계산하는 것이 당연한 문화에서 한턱을 낼 때는 간단하게라도 이유를 먼저 설명했다. 적극적인 태도에는 호의를 미리 어필하는 것도 반드시 포함되어야 한다.

한편 자주 출장을 다니다 보니 편안한 비행시간을 보내고 싶은 마음에 종종 부탁해야 할 때가 있었다. 한국 국적기를 탈 때면 조금 일찍 도심공항으로 가 체크인해서 여유로운 쪽으로 좌석을 받는다든지, 현지에 도착해서 방 배정을 받을 때면 시차에 적응하기 쉽도록 조금이라도 소음이 덜한 방을 요청한다든지 등등. 적극적으로 부탁한다는 것을 강요나 진상으로 오해하곤 하는데 상대방의 도움이 나에게 얼마나 큰 기쁨이 될지를 적극적으로 알린다고 이해하면 좋겠다. 우리말로도 무턱대고 해달라고 하기보다는 상대방이 바쁘고 번거로운 줄 알지만 정중하게, 친절하게 부탁하는 것과 같다. 상대방이 앞으로 베풀어줄 호의를 미리 알아봐주고 표현하는 것도 관계에 꼭 필요한 적극성이다.

'적극적이어야 한다'고 하면, 목소리 톤을 높이거나, 몸짓을 크게 하거나, 말끝마다 리액션을 하거나, 때론 사람들의 말을 끊고 나서서 말하는 등의 모습을 상상하는 사람이 많다. 하지만 이런 것은 말을 과장하는 것일 뿐 적극적인 태도는 아니라고 생각한다.

파이팅 대신 OWN IT!

목소리는 크지만 말에 아무 의미가 없다면 마음은 전달되지 않는다. 내 마음을 오해 없이 드러내는 데, 상대방의 마음을 헤아리며 이해하는 데 적극적이어야 한다. 이게 빠진 말은 과장하는 것, 연기하는 것에 불과하다. 그간 사람들과 만나고, 이야기하고, 약속하는 등 관계를 맺을 때마다 어색했다면 자신에게 물어봐야 한다. 상대방을 얼마나 생각했는지, 나만을 위한 관계는 아니었는지 말이다.

Let's make a promise this Saturday.

약속 하면 흔히들 promise를 떠올린다. 좀 더 공부한 사람들은 appointment를 언급하기도 한다. 일상에서 주고받는 약속의 성격은 다양하지만 이 표현들을 직접적으로 쓰는 경우는 적다. 언급한 두 단어부터 구분해보면 promise는 맹세나 행동을 약속할 때, appointment는 비즈니스 미팅을 잡거나 사무실 방문, 병원 진료, 상담 등을 예약할 때 더 적합한 단어다. 이런 거창한 느낌의 약속 말고 단지 상대방과 함께 시간을 보내고 싶을 때, 인사치레 약속일지언정 다음을 기약하고 싶을 때, 나 자신을 기억에 남길 수 있는 말들이 여기 있다.

Let's hang out this Saturday.

가벼운 약속,
화려한 약속, 꼭 지킬 약속

_톰 행크스처럼 약속하자

"Can you say that you are truly happy right now?" 수십 년째 연기를 해오고 있는 톰 행크스에게 그런 대단한 열정이 어디서 나오는지 묻자 그가 나에게 한 질문이다. 바로 '그렇다'고 대답하지 못했던 나와는 달리 그는 사랑하는 일을 하는 매 순간이 진심으로 행복하다고 했다. 진심으로 마음을 설레게 하는 행복한 일을 하라는 그의 말은 많은 생각을 하게 했고, 마침 내게 꼭 필요한 조언이었던 만큼 평생 소중히 간직하게 된 인터뷰이기도 하다. 한편으론 아이러니하게도 의도치 않게 오해를 많이 사 사람의 입방아에 오른 인터뷰이기도 했다.

그가 열연한 〈캡틴 필립스〉 홍보차 런던에서 이루어진 이 인터뷰의 시작은 이랬다. 관계자의 소개와 함께 나는 톰 행크스가 있는 방으로 들어갔고 촬영 준비가 한창인 틈을 타서 그는 반갑게 말을 건넸다. '한국'이라는 말이 아버지와의 추억을 떠올리게 한 듯했다. "반가워요, 우리 아버지가 베트남전에 참전하셨는데 아버지가 말씀하시기를 한국 친구들과 스팸을 먹곤 했다고요. 그런데 한국분들은 스팸을 흰 쌀밥과 같이 먹는다면서요?" 꽤나 뜬금없는 질문이었지만 맞다고 답했다. 자신도 아버지와 아침마다 스팸을 즐겨먹곤 했다며 소중한 추억이고 아직도 주말이면 스팸을 요리해 먹는다고 했다. 스팸이 외국에서는 호불호가 강하게 갈리는 식품이기 때문에 그가 애호가라는 것도 놀라웠고, 톰 행크스와 나누리라 생각지도 못한 주제였지만 그가 한국과 연결지어 떠올린 추억이어서 즐겁게 들었다. 한국 스타일로 흰 쌀밥과 스팸을 즐겨보겠다는 그에게 '한국 스타일' 중의 하나로 볶은 김치와 함께 먹으면 맛있을 거라고 알려줬다. 흥미진진한 이야기로 가득 찼던 인터뷰를 마무리 지으며 나는 그와 가벼운 약속 하나를 했다.

Maybe I'll make you some Korean style spam meal for you when visit Korea next time. Please, come soon!

Really! I don't know when I'll be visiting. Can I take a rain check on that?

다음번 한국을 방문하실 때, 제가 한국 스타일로 스팸 식사를 만들어 드릴게요! 그러니 어서 꼭 와주세요!

오, 언제 가게 될지는 모르지만. 다음을 기약해도 되죠?

분명 재밌는 대화였지만 정해진 방송시간에 맞춰 이리저리 편집된 대화의 조각들은 내가 뜬금없이 톰 행크스에게 스팸과 김치를 권유하는 모양새로 방송되었다. 이 때문에 한동안 한국 이야기에만 급급한 무개념 인터뷰어로 불려 속상하기도 하지만, 깊은 인상을 받은 듯 인터뷰가 끝나고 헤어질 때 '꼭 한국식으로 먹어보겠다'고 한 톰 행크스의 말을 위안 삼았다. 스팸에 진심이었던 그가 그날의 인터뷰를 떠올리며 흰 쌀밥과 스팸을 즐겼을까 궁금하다. 당시에는 마음 고생을 했지만 지금은 그가 스팸과 김치를 구워 먹으며 나를 떠올릴지도 모르겠다는 재미있는 상상을 해본다.

누군가는 톰 행크스의 대답을 그냥 인사치레라고 생각할 수도 있고, 또 다른 누군가는 톰 행크스를 한국에서 만나게 되면 다른 음식이 아닌, 스팸과 김치구이를 꼭 맛보여야 한다고 여길 수도 있다. 그날이 와봐야 진위를 따질 수 있을 테다. 여기서 하고 싶은 말은 진의가 아니라 약속의 말이란 게 원래 가능성을 열어둔 인사라는 사실이다. 그 가능성을 운명에 맡기기보다 직접 실현 가능성을 높여보면 어떨까. 어디에 가자고 하거나 무엇을 하자거나 먹자는 구체적인 제안들은 상대방이 나를 떠올리는 계기가 될 수도 있다. 작은 약속도 잘 지키는 사람이라면 자신이 의도치 않았지만 약속을 지켜야 한다고 생각하며 정말 나를 찾을지도 모른다.

일상에서 외국인과 약속을 잡을 때는 크게 go out과 hang out을 구분해야 한다. 먼저 go out의 사전적 의미는 '외출하다'이다. 이 뜻만 보고 가로수길에서 만나 점심을 먹거나 강남역에서 차 한잔하자는 약속을 하기 위해 go out을 활용해도 될까. 친구에게 만약 Let's go out this Saturday.라고 한다면 외국인 친구는 아마 화려하게 멋을 부리며 차려입고 나올 것이다. 사전 밖 실생활에서 go out은 술을 마시거나 클럽을 가는 등 화려한 외출을 의미하기 때문이다. 같은 맥락에서 상대방에게 어제 가볍게 한 외출에 대해 I went out with friends yesterday.로 설명했다면 상대는 이 친구가 즐겁고 화려한 밤을 보냈다는 의미로 받아들인다. 뉴욕이나 LA 같은 대도시를 제외하고는 사실 미국의 교외 생활은 그다지 화려하지도 북적대지도 않는다. 그러므로 주로 금요일, 토요일 밤에 친구들과 바에 나가 술 한 잔을 하거나 파티나 특별한 모임을 위해 예쁘게 차려입고 밤 문화를 즐기는 것을 '외출'이라고 생각하고, 그럴 때 주로 go out이라는 표현을 쓴다.

화려한 외출이 아닌, 캐주얼한 만남이나 약속을 잡을 땐 hang out이라는 표현이 유용하다. '같이 시간을 보내다'는 의미인데

Angela and I hung out last week, we went shopping. 지난주에 엔젤라랑 놀았어. 우리 같이 쇼핑 갔었어.처럼 쇼핑하고, 차 마시며 시간을 보내는 상황에서 사용한다. go out보다는 범위가 넓어서, Want to hang out this Friday? 이번 금요일에 뭐 할까?라고 묻거나 Let's hang out tomorrow. 내일 얼굴 보자처럼 여러 상황에서 유용하게 쓸 수 있다. hang out이 조금 모호하게 느껴진다면 Let's grab ○○.이라는 말로 구체적으로 무엇을 함께하고 싶은지 제안할 수도 있다. 부담 없이 식사나 커피를 제안할 때 Let's grab lunch! 점심 먹자, Let's grab a coffee this Saturday. 토요일에 커피 한잔 하자 식으로 활용하면 된다.

우리도 약속 잡기 전 "너 토요일에 뭐 해?" 또는 "토요일에 바빠?" 식으로 운을 떼듯 영어로도 마찬가지다. What are you doing on Saturday? 토요일에 뭐 해?, What are you up to this Saturday? 이번 주 토요일에 뭐 해?, Are you free this Saturday? 토요일에 시간 있어?로 운을 떼면 된다. 물론 그다음에는 무엇을 하며 시간을 보낼지 제안하며 계속 대화를 이끌어야 한다. Why don't we go to the exhibition? 우리 그 전시 보러 갈까?처럼 구체적으로 무엇을 할지 정한 후에 적절한 시간을 물어봐도 좋다. When is good for you? / What time is good for you? 언제 시간 괜찮아?라며 자연스럽게 묻고 약속을 잡을 수 있다.

파이팅 대신 OWN IT!

반대로 상대에게 약속을 제안받았다면 상황에 따라 승낙과 거절을 해야 한다. 솔깃한 제안이나 함께하고픈 일에는 That sounds fun! 재밌겠다! Sure, let's go out! 그래 놀자! I'd love to. When is good for you? 좋지! 넌 언제가 좋아? 하며 흔쾌히 승낙해보자. 단순히 OK, Yes!로 짧게 대답하는 것보다 함께하고 싶은 마음을 적극적으로 표현하는 말들이다. 반대로 피하고 싶은 제안이거나 아쉽지만 거절해야 하는 상황에서도 No, I can't. 나 I don't want to. 처럼 단답으로, 단칼에 상대의 제안을 밀어내야 하는 경우는 적을 것이다. 미안한 마음과 약간의 변명을 더하고 싶다면 평소 우리말처럼 Sorry, I have plans. 아쉽지만 나 다른 일이 있어, I wish I could go. BUT! I have plans with my family. 가고 싶지만, 가족과 계획이 있어라며 무난하고 간단하게 거절할 수 있다.

톰 행크스가 사용한 rain check라는 표현도 기억해두면 좋다. rain check는 우천시 취소된 운동경기나 콘서트에 나중에 다시 입장하는 것에서 유래됐다. 비슷한 개념으로 어떠한 일이 생겨 약속을 미루거나 못 가게 되었을 때 또는 지금은 힘들지만 다음을 기약하고 싶을 때 Sorry, I have to take a rain check. 미안하지만 다음 번으로 미뤄야 할 것 같네요, Can I take a rain check on that? 아쉽지만 다음을 기약해도 될까요?라고 말하면 된다.

약속을 제안하고 조율하는 과정은 상대방과 몇 걸음 더 가까워지기 위해 필수 관문이다. 동시에 우리는 어떤 사이인지 가늠해볼 기회이기도 하다. 약간의 술과 분위기를 빌려 좀 더 친해져야 할지, 커피나 식사를 하며 특정 관심사를 나눌지, 특별한 말 없이 산책하며 편안한 분위기에서 함께 시간을 보내도 어색하지 않은지 등 평범하고 일상적인 관계도 세밀하게 보면 다양한 층위가 있다. 어떤 목적의 자리인지, 무엇을 함께하고 싶은지 생각하고 어떤 말로 제안할지 고르다 보면 지금의 관계가 보일 것이다. 그리고 지금보다 더 가까워질 기회를 잡을 수 있을 것이다.

그 사람과는 무엇을 하며 얼마나 시간을 보낼 수 있나요?

☐ Do you want to go out? 술 한잔 할까요?

☐ Let's go out this Saturday. 토요일에 술 한잔 하자.

☐ Want to hang out this Friday? 이번 금요일에 뭐 할까?

☐ Let's hang out tomorrow. 내일 얼굴 보자.

☐ Let's grab a coffee this Saturday. 토요일에 커피 한잔 하자.

☐ What are you doing on Saturday? 토요일에 뭐 해?

☐ What are you up to this Saturday? 이번 주 토요일에 뭐 해?

☐ Are you free this Saturday? 토요일에 시간 있어?

☐ When is good for you? 언제 시간 괜찮아?

☐ What time is good for you?

☐ That sounds fun! 재밌겠다!

☐ I'd love to. 완전 좋지!

☐ Sorry, I have plans. 아쉽지만 나 다른 일이 있어.

☐ I wish I could go. BUT! I have plans with my family.

　가고 싶지만, 가족과 계획이 있어.

☐ Sorry, I have to take a rain check. 미안하지만 다음으로 미뤄야겠습니다.

I will pay for you.

외국에선 자기 몫은 자기가 지불하는 게 보편적이고 우리도 자연스럽게 그 문화를 받아들이고 있지만, 여전히 계산을 고민하는 사람이 많다. 한 끼 대접하고 싶을 때도 있고, 함께 나눠 먹은 음식은 어떻게 계산할지 등 상황이 다양하기 때문이다. 돈을 내는 것은 pay, 그러니 'I will pay for you.'라는 말을 제일 먼저 떠올리지만 이는 오해를 사기 쉽다. 의미는 통하겠지만 상대방은 '내가 돈이 없어 보이나? 당신은 나의 키다리 아저씨인가요?'라는 느낌을 받는다. pay는 세금처럼 꼭 지불해야 하는 요금 등에만 쓰고 다양한 상황에서 눈치 보지 않고 계산하고 싶을 때는 여기에 나오는 표현들을 활용해보자.

My treat.

즐거운 시간 보냈으니까
계산도 그 마음 그대로

_미란다 커처럼 한턱내자

　　빅토리아시크릿 모델로 활동하며 유명세를 얻은 미란다 커가 사업가로도 승승장구하며 내한해 인터뷰할 때였다. 유명한 모델답게 시원시원한 걸음걸이로 등장한 그와 인사했다. 촬영에 들어가기까지 시간이 좀 걸리는 틈을 타 비서로 보이는 사람이 가방에서 셀러리와 과일이 든 투명 용기를 꺼내 그에게 건넸다. 뭐냐고 묻자 식단 관리 중이라고 했다. 채식 위주의 식단으로 관리한다는 그는 인터뷰 직전에 과일 몇 알을 챙겨 먹었다. 여러 번 나눠 소식하는 게 그만의 몸매 관리 비법인지 궁금했다. 들어보니 그는 몸매 관리보다는 건강한 식생활을 중시하는 사람이었다. 해야 할 것, 먹어봐야 할 것 등을 챙기며 남은 한국 일정을 기대하는 그에게 건강에 좋은 음식을 추천했다. 유명한 음식인 만큼 그도 이미 알고 있었지만, 내 권유가 그의 식욕을 자극한 듯했다. 가볍게 농담 한마디 건넸다.

파이팅 대신 OWN IT!

Let me take you out for some Bibimbap! My treat!

Aww, I can't wait! My treat next time!

제가 비빔밥 대접할게요!

오~ 기대되는데요! 다음 번에는 제가 쏠게요!

이 대화에서 내가 말한 take someone out은 식사를 대접하고자 할 때 유용한 표현이다. 직역하면 '누군가를 데리고 나간다'인데 여기에는 '돈은 내가 낼게' 라는 의미가 깔려 있다. Let me take you out to dinner tomorrow. 내가 내일 저녁 식사 대접할게 하면, 이 말에는 '내가 저녁 살게, 같이 먹으러 가자'는 의미다. My brother took us out last night. 어제 우리 형이 맛있는 거 사줬어, Angela says she wants to take us out to lunch. 엔젤라가 우리에게 점심을 대접한대처럼 일상적으로 많이 사용하기도 하고, 호감 가는 사람에게 데이트 신청을 할 때도 활용할 수 있다. 이어 말한 My treat! 또한 '나의 대접' '나의 한 턱'이라는 의미로 흔히 쓰인다. 상대방의 마음을 기꺼이 받아들이며 My treat next time! 다음 번에는 제가 쏠게요 하며 다음을 기약하기에도 좋다.

함께 식사한 바로 그 자리에서 자연스럽게 대접할 수도 있다. 더치페이 문화가 자연스럽다고 해서 한턱내는 게 이상한 일은 아니다. 한턱내는 친구들도 종종 볼 수 있고, 때에 따라서는 우리보다 더 자연스럽다는 생각이 들 때도 있다. 이를테면 모르는 사람에게 호의를 받을 때다.

출장이나 여행을 마치고 돌아가야 하는 길, 공항에서의 대기 시간이 길어질 때면 혼밥을 하며 지루한 시간을 달래곤 한다. 해외 공항에는 오픈바 형식의 식당과 그곳에서 간단히 와인이나 술 한잔을 즐기는 사람들을 종종 볼 수 있다. 나 또한 한번은 파리의 샤를드골 공항에서 연착된 비행기를 기다리며 오픈바에 앉아 식사를 주문했다. 주문을 하는 나의 목소리를 듣고 옆에 있던 인자한 모습의 외국인이 "Are you from the states?" 하며 말을 걸어왔다. 그는 딸과 손녀를 만나러 프랑스에 왔다가 텍사스로 돌아가는 길이었다. 이번 여행에 대해 이야기를 나누다 그가 먼저 비행기 시간에 맞춰 일어나며 말했다. "Thanks for a great talk, I got you covered." 즐거운 수다였어요. 제가 식사값 지불할게요. 당황한 나는 안 그러셔도 된다며 한사코 거절했지만 그는 완강했다.

모르는 사람에게 좋은 대화를 핑계(?!)로 자연스럽게 호의를 베푸는 것도, 더치페이만큼이나 자연스러운 그들의 문화다. 그들은 이렇고, 우리는 저렇다는 이분법적인 구분보다 상황에 맞게 자연스럽게 대접해도 괜찮다. 공항에서 만난 그처럼 I got you covered. 내가 내줄게 하거나, 짧게 줄여서 I got you!로도 말할 수도

파이팅 대신 OWN IT!

있다. 같은 맥락으로 계산서를 집어 들면서 I got this. 내가 맡을게, Let me get this. 내가 알아서 할게. I'll pick up the check. 내가 계산할게라는 말도 있다. on me라는 표현으로도 '그 영수증을 나한테 올려줘, 내가 처리할게'라는 뉘앙스를 전할 수 있다. This coffee is on me 이 커피 내가 계산할게, Dinner is on me 저녁 식사는 내가 계산할게처럼 말이다. 친구들이 당황하며 It's okay! Let's just split the bill 괜찮아. 그냥 더치페이하자 하는 상황에서도 꼭 저녁을 대접하고 싶다면 I insist!라고 단호히 말하면 된다. insist는 고집하다, 주장하다의 뜻인데 여기서는 좋은 의미의 고집으로 강조하면 된다.

더치페이를 제안할 때도 영수증을 활용하면 된다. Let's split the bill. / Let's split the check.라고 말하거나, 두 사람일 경우 You want to split in half? 반반씩 내자고 제안할 수 있다. 각자 먹은 만큼 알아서 계산하고 싶을 때 웨이터에게 Can we get separate checks? / Separate checks, please.라고 요청하면 된다. 우리 문화에선 익숙하지 않지만 실제로 정말 많이 쓰이는 방법이다. 두 명 이상인 인원이어도 아무렇지 않게 영수증을 각자 전달해줄 거다. 함께 식사하고 하나의 영수증 위에 여러 개의 신용카드를 올려 계산을 요청하는 상황에도 익숙해져야 한다.

외국이라서, 한국이라서 이래야 해 같은 이분법적인 생각보다는 모두가 즐겁기 위해 만난 자리라는 걸 기억하면 자연스러울 수 있다. 마음 가는 대로 행동해도 좋다. 나도 외국인 친구를 만나면 My treat. / It's on me! / I got you! 하며 먼저 카드를 내민다. 즐거운 시간을 보낸 데 대한 고마움이기도 하고, 한국 사람의 정일 수도 있겠다. 이런 나를 잘 아는 친구는 "Angela, it's okay. Let's just split the bill from now on." 엔젤라, 괜찮아. 그냥 이제부턴 더치페이하자!고 말한 적이 있다. 선의인 것은 알지만 부담스러웠던 친구의 완곡한 거절의 말이었다. 여기서 포인트는 문화가 달라도 선의는 드러나기 마련이라는 사실이다. 차이에서 오는 오해를 피하는 데 집중하는 대신 선의를 잘 전달하는 데 노력하는 게 더 쉬울 수 있다. 사람 사는 모습은 크게 다르지 않으니까.

이번 약속에서 상대방을 대접할 만한 핑계거리는 무엇인가요?

파이팅 대신 OWN IT!

☐ Let me take you out to dinner tomorrow.

제가 내일 저녁 식사 대접할게요.

☐ My treat! 제가 대접할게요.

☐ My treat next time! 다음 번에는 제가 쏠게요.

☐ I'll pick up the check. 제가 계산할게요.

☐ I got you covered. 내가 맡을게!

☐ I got you! 내가 쏠게.

☐ I got this. 이건 내가 계산할게.

☐ Let me get this. 이번엔 내가 계산할게.

☐ It's on me! 내가 계산할게.

☐ This coffee is on me. 이 커피 내가 계산할게.

☐ Dinner is on me. 저녁 식사는 내가 계산할게.

☐ Let's split the bill. 더치페이하자.

☐ Let's split the check. 각자 계산하자.

☐ You want to split in half? 반반씩 낼까?

☐ Can we get separate checks? (웨이터에게) 따로 계산해주실 수 있나요?

☐ Separate checks, please. 따로 계산해주세요.

I need to go to
the restroom.

자리를 양보하거나 뒤에 따라오는 사람을 위해 문을 잡아주는 등
만국 공통의 매너부터 식사하다가 자리를 잠시 뜰 때, 식사하고 팁을
지불해야 할 때, 집에 초대받았을 때 등 우리에게 낯선 상황에서 꼭
필요한 매너가 있다. 사람이 있는 곳이라면 어디든 매너를 갖춰 행동할
거리가 한 가지 이상은 꼭 있다는 마음으로 의식하고 행동한다면 언제나
매너 있는 사람으로 거듭날 수 있다.

I need
to go
freshen up.

매너란 남이 보아도
부끄럽지 않을 나 자신이다

_키아누 리브스처럼 젠틀하게

영화광으로서 수많은 영화를 봤지만 심심할 때, 우울할 때, 잠 안 올 때 등 상황을 가리지 않고 수십 번 돌려본 영화가 있다. 바로 〈스위트 노벰버〉다. 아름다운 샤를리즈 테론과 잘생긴 키아누 리브스가 주연인 데다가 낭만적인 샌프란시스코의 풍경까지 볼 수 있는 아기자기하고 잔잔한 영화다. 마지막 '다리 위에서의 장면'까지 버릴 것 하나 없는 작품이다. 이 두 주인공을 인터뷰하는 것이 인터뷰어로서의 버킷리스트 중 하나였는데 〈존 윅〉으로 내한한 키아누 리브스를 서울의 한 호텔에서 만나 인터뷰할 수 있었다.

영화를 찍지 않을 때는 거칠게 수염을 기르고 편안한 차림으로 다니는 파파라치 사진과 그가 변했다는 기사를 접했는데, 인터뷰룸에 들어서니 〈스위트 노벰버〉 속 모습과 변함없이 멋있는 그가 서 있었다. 한국에 온 것을 환영하며 그에게 첫인사를 건네자 따뜻한 미소로 맞아주었다. 주변이 인터뷰 준비로 어수선한 가운데 각자 자리에 앉아야 하는 순간 그가 나의 의자를 가리키며 "Please."라고 했다. 역시 그는 젠틀맨이었다. 팬심이 아니라 진짜 젠틀맨이었다.

키아누 리브스처럼 의자를 가리키며 Please. 하는 것은 Please, sit first.의 의미이다. 문장을 생략했지만 뜻이 통하고, 어느 상황에서건 통하는 100점짜리 표현이다. 뒤따라 오는 사람을 위해 문을 잡아주며 '먼저 가세요'라는 의미로 Please.라고만 말해도 되고, 엘리베이터에서도 어느 한 친절한 사람이 Which floor? / what floor? 몇 층 가세요?라고 물으며 나 대신 버튼을 눌러주려고 할 때 Five, please. 5층이요 할 수도 있다. 간결하지만 정중하고 매너 있는 표현이라 격식을 차려야 할 때도 쓸 수 있다.

매너는 말 그대로 일상생활에서 지키는 예의나 절차이다. 무의식중에 자연스럽게 하는 행동이라 평소에는 잘 인지하지 못하다가, 하지 않았을 때 유달리 거슬리거나 불쾌감을 주거나 눈에 띈다. 이런 맥락에서 친구가 반 농담으로 이런 이야기를 한 적 있다. 왠지 외국에 가면 좀 더 조심스러워야 할 것 같고 매너 있게 행동해야 할 것 같다는 거다. 길을 걷다가 모르는 사람과 눈이 마주쳤을 때 모두 가볍게 미소 짓는데 자신은 익숙지 않아 마음에 걸린다는 한탄 섞인 이야기였다. 미소 짓는 사람에게 무표정으로 대한다면 매너 없어 보이긴 하지만 그걸로 뭐라 하는 사람은 없다. 하지만 눈에 띄는 것도, 마음에 걸리는 것도 사실이다. 우리 일상과는 조금 다른 환경이니 안 지키면 마음에 걸리고, 지키자니 어디서부터 어디까지 할지 고민되는 게 바로 매너의 어려움일 테다.

그런 어려움이 느껴질 때마다 한 가지 재밌는 상상을 한다. 주변 사람들이 다 나를 보고 있다고 상상하는 거다. 정중한 모습을 보여야 할 때 일부러 과도하게 주변을 의식하기 위한 장치인데 실제로 효과가 있다. 사실 매너는 여기 사람이 있다는 것을 인정하는 데서 출발하기 때문이다. 우리는 자주 바쁘다는 이유로, 모르는 사람이라는 이유로, 주변에 사람이 있다는 사실을 무시한다. 길을 걷다가 부딪힐 때도, 실내로 들어가면서 무심코 문을 닫아버릴 때도, 재채기가 크게 나와 본의 아니게 소음을 만들 때도, 내가 그러는 동안에도 주변에 늘 사람들이 있다. 그들을 의식하고 배려하려 한다면 자연스레 매너 있는 면모가 나타난다. 보여주기식 매너를 하자는 것이 아니라 '남이 보아도 부끄럽지 않을' 내 자신이 되자는 것이다. 그리고 매너는 지극히 주변 사람들을 의식하며 가장 가까이에 있는 주변 사람에게 베푸는 행위다. 우리는 모두 누군가의 주변 사람이기도 하다.

모르는 사람뿐 아니라 비교적 가까운 사람과 있을 때도 이

파이팅 대신 OWN IT!

방법은 유효하다. 비즈니스 파트너와의 식사 자리에서 화장실을 가야 한다고 상상해보자. I need to go to the restroom. / I need to use the bathroom. / Gotta use the toilet. 화장실 좀 가겠습니다 해도 되지만 선뜻 말하기엔 정말 볼일 보러 가는 것처럼 보여 조금 민망하다. 아주 친한 지인이라면 이렇게 직설적으로 말해도 상관없겠지만 분위기를 깰 것 같다면 센스 있게 예의를 갖춘 표현으로 자리를 비울 수 있다. 우선 freshen up이라는 말을 사용해 Excuse me, I need to go freshen up. 하면 된다. freshen up은 fresh라는 단어에서 유추할 수 있듯 '나를 프레시하게 만든다'의 뉘앙스다. 즉 나의 옷매무새를 가다듬고, 거울도 보고, 정돈 좀 하고 오겠다는 뜻이다. 꼭 예를 갖춰야 하는 식사 자리뿐만 아니라 Let me go home and freshen up first. 잠시 집에 들러서 씻고 옷 좀 갈아입을게. 등 여러 상황에서 활용 가능한 말이니 꼭 기억해두자.

우리에겐 익숙하지 않지만 외국에서 자주 마주하고, 매너를 갖춰야 하는 상황이 있다. 그중 하나가 남의 집을 방문할 때다. 우리는 정말 가까운 사이가 아닌 이상 집으로 초대하지 않지만 외국에서는 지인들을 집으로 초대하는 경우를 자주 볼 수 있다. 갈 곳 많고 북적이는 대도시에 살지 않는 이상 지인들과 한자리에 모여 좋은 시간을 보내기엔 집이 가장 적합하다고 생각하기 때문이다. 미드 등에서 흔히 본 것처럼 초대를 받는다면 일단 빈손으로 가지 않는 것을 추천한다. 꽃이나 와인, 작은 선물을 들고 가는 것이 예의다. 인사도 단순한 인사보다는 having me라는 표현을 써서 Thank you for having me.라고 말하며 초대해준 것, 불러준 것에 대한 감사 인사를 전하는 게 좋다. 반대로 내가 초대한 상황이라면 Thanks for coming!으로 반겨주는 것도 좋은 인사말이다.

매너는 일상적인 만큼 그 범위도 넓다. 상대가 있다면 언제나 매너가 필요하다는 사실을 의식하고 지킬 필요가 있다. 너무 피곤하게 사는 것 아니냐고 물을 수도 있겠다. 피곤하더라도 주변을 의식하며 사는 게 맞다고 생각한다. 나 혼자 사는 게 아니고, 나 혼자 살 수도 없기 때문이다. 매너는 사소하지만 공동체를 의식하는 큰 행동이다.

습관처럼 익히고 싶은, 인상 깊은 매너는 무엇인가요?

☐ Please. (행동과 함께) 먼저 하세요.

☐ Excuse me, I need to go freshen up.

　실례지만, 화장실 좀 다녀올게요.

☐ Let me go home and freshen up first.

　잠시 집에 들러서 씻고 옷 좀 갈아입을게.

☐ I need to powder my nose. 화장 좀 고치고 올게.

☐ Thank you for having me. 초대해줘서 고마워요.

☐ Thanks for coming! 와줘서 고마워요.

I want
a glass of water. ────

적극적인 사람으로 거듭나는 마지막 관문은 부탁할 수 있느냐 없느냐
하는 것이다. 단순히 물 한 잔 달라고 부탁하는 것에서부터 숙소 방에
문제가 생기거나 짐을 분실해 도움을 요청해야만 하는 절실한 부탁까지
상황도 다양하다. 무턱대고 요구하는 게 아니라 상대방이 베푸는 호의와
번거로움까지 챙겨 주어진 상황을 적극적으로 개선해보자. 상대방의
마음을 움직이는 부탁의 말이 여기 있다.

Sorry to bother you, could you get me a glass of water, please?

세상엔 당연한 건 없다

_앤 해서웨이처럼 부탁하자

〈러브&드럭스〉라는 영화 덕분에 앤 해서웨이와 제이크 질렌할을 함께 만났다. 〈악마는 프라다를 입는다〉의 앤 해서웨이와 〈브로크백 마운틴〉의 제이크 질렌할은 이 작품에서 연인으로 호흡을 맞췄다. 영화 속 모습처럼 두 사람은 좋은 친구 같았고 덕분에 인터뷰 현장 분위기도 좋았다. 프로그램에 합류한 지 얼마 되지 않았을 때라 아직 할리우드 배우를 만나는 것이 긴장되고 서툴렀는데, 두 사람은 가벼운 농담을 건네며 먼저 분위기를 풀어주었다. 앤 해서웨이는 "How was your flight to London?" 하며 장시간 비행으로 온 나의 안부도 챙겨주었다. 화기애애한 분위기 속에 "자, 이제 인터뷰 시작합니다. 5, 4, 3, 2, 1!" 관계자의 카운트에 맞춰 카메라에 불이 켜졌다. 준비한 질문들을 시작하려고 하는데 갑자기 그가 인터뷰를 중단했다.

Sorry to interrupt, can we start over?

죄송하지만 우리 다시 시작할 수 있어요?

그가 "Sorry to interrupt."라고 정중하게 사과하는 바람에 큰일이 난 줄 알았다. 알고 보니 그가 내게도 들리지 않을 정도로 작게 딸꾹질을 한 모양이었다. 'Stop!'만 외치거나 'Can we start over?'만 해도 인터뷰는 중단되고 다시 시작할 수 있었겠지만, 모두를 배려하는 모습에 모두가 기꺼운 마음으로 그를 기다렸다.

부탁을 잘하는 것도 살아가는 데 꼭 필요하다. 이런 말을 하면 다른 사람에게 부탁할 일도 없고 평소 잘 부탁하지도 않는다고 말하는 사람이 있다. 나도 다른 사람의 도움 없이 혼자서 척척 잘 해내며 살 수 있다고 믿어 의심치 않던 때가 있었다. 하지만 나이가 들며 할 줄 아는 것이 많아질수록 오히려 정말 혼자서 해낼 수 있는 일은 많지 않다고 절실히 느낀다. 다른 사람에게 부탁하지 않으며 살았다고 믿는 과거에 혹시 내가 부탁해야 할 일을 당연한 듯 요구하거나, 명령하거나, 강요하지 않았는지 돌아본다. 계기는 아주 사소하고 단순했다.

한 브랜드의 커피숍에 가서 커피를 천천히 마시다 식으면 뜨거운 물을 부어달라고 하는 게 내 습관이었는데, 우연히 들어간

다른 브랜드의 커피숍에서 똑같이 요구했다가 '리필은 안 된다'며 거절당했다. 순간 '아?! 이게 리필인가? 아, 리필일 수도 있겠구나', 회사 정책에 따라 다르겠지만 당연히 요구해오던 게 당연하지 않을 수 있다는 사실에 놀랐다. 늘 뜨거운 물을 부어주던 바리스타도 업무상 그럴 의무가 없지만 해줬을지도 모를 터였다. 물 한 잔도 이런데 다른 일들은 오죽할까. 상대방이 내가 청한 행동을 하기 위해 번거로움도 감수하고 호의를 베푸는 것이라 생각하면 부탁이 아닌 일이 없다. 그래서 인사말만큼이나 익숙해져야 하는 게 부탁의 말이다.

상황에 따라 예의 바르게 부탁하는 말은 크게 세 단계로 나눌 수 있다. 우선 1단계. 마법의 단어 please를 붙이면 된다. 예를 들어 물 한 잔을 달라고 해보자. Can you get me a glass of water? 맞는 문장이다. 여기에 please를 붙여 Can you get me a glass of water, please?라고 하면 존댓말이 없는 영어에도 존댓말스러운 느낌을 줄 수 있다. '물 한 잔 줄래요?'와 '물 한 잔 부탁드립니다'의 온도가 다르다고 느끼는 만큼 please의 여부는 그 차이가 크다. 농담 삼아 하는 말이지만 친구끼리 부탁할 때도 Say please! 네가 please라고 말해야 해줄 거야!라고 하기도 한다. 그만큼 please라는 한 단어가 갖는 부탁의 의미도 크고 일상적으로 쓰이기 때문에 생활화하는 게 좋다.

2단계, Can you/Will you를 Could you/Would you로 바꿔보자. 좀 더 격식을 차린 표현으로 부탁받는 입장에서도 존중받는다는 기분을 충분히 느낄 수 있다. Could you get me a glass of water, please? 실례가 안 된다면 물 한 잔 부탁드려도 될까요?처럼 번거롭게 해서 미안한 줄 알면서도 부탁해야 하는 사람의 마음을 잘 전달하는 말이다. 한번은 그날따라 심했던 피로를 풀기 위해 카라멜 마끼아또를 시켰다가 상상 이상으로 너무 달아 마실 수 없었다. 바리스타에게 미안한 마음에 "I'm sorry but this is too sweet for me. Could you tell me how to make it less sweet?" 죄송한데 너무 달아요, 좀 덜 달게 먹는 방법이 있을까요? 하고 정중히 물었다. 우유를 조금 더 넣으면 달라질까 하고 물었던 건데 그는 흔쾌히 다시 음료를 만들어줬다. 고객 서비스를 우선하는 브랜드인 만큼 처음부터 Remake my drink. 다시 만들어주세요 했어도 결과적으론 같은 서비스를 받았을 테지만 그랬다면 직원도 나도 이때만큼 유쾌하지는 않았을 거다.

마지막 3단계. 앤 해서웨이처럼 부탁하는 내용 앞에 Sorry to interrupt you, / Sorry to bother you,를 붙이면 부탁의 품격이 높아진다. 존중, 배려를 먼저 전달하는 말이기 때문에 상대방도 본격적인 대화에 앞서 예의를 갖춘다. '바쁘시겠지만 해주실 수 있을까요?'라는 의미로 Sorry to bother you, could you get me a glass of water please? 바쁘시겠지만, 혹시 물 한 잔만 부탁드려도 될까요?처럼 쓸 수 있다. 비슷한 의미로 I know this is a lot to ask, is it possible for you to ○○? 어려운 부탁인 것 압니다만, 혹시 ○○이 가능할까요?라고도 할 수 있다. 상황상 요청하기 어려운 부탁이거나 안 될 것 같지만 물어나 보자 하는 심정이라면 이런 말이 필수다. 예를 들어 비행 시간 내내 컨디션이 좋지 않아 호텔에서만큼은 좀 더 편히 쉬고 싶을 때 I know this is a lot to ask, but is it possible for you to upgrade my room? 어려운 부탁이지만, 혹시라도 제 방 업그레이드가 가능한가요? 하고 정중하게 부탁해보는 것도 나쁘지 않다.

3단계의 말이 정서상 우리에게 가장 익숙하지만, 1, 2단계만 능숙하게 사용해도 부탁을 정중하고 쉽게 할 수 있다. 나의 간절한 요청이 다행히 수락된다면 상대방의 호의 또는 배려에 감사를 전하는 것도 잊지 말자. Thank you so much.부터 This means a lot to me. (지금 도움 주신 것이) 저에게는 큰 의미입니다. 같은 진심 어린 말을 전한다면 부탁을 들어준 이도 평소보다 더 뿌듯하지 않을까. 다시 한 번 말하지만, 당연한 것은 없다. 상대방이 나 때문에 번거로웠다면 더욱 당연한 일이 아니다. 부탁이 아닌 일은 없다.

최근 당연하게 받았던, 상대방의 호의는 무엇인가요?

　　　　　　　　　　　　　　　　　파이팅 대신 OWN IT!

☐ Can you get me a glass of water, please? 물 한 잔 부탁드립니다.

☐ Could you get me a glass of water, please?

실례가 안 된다면 물 한 잔 부탁드려도 될까요?

☐ Sorry to bother you, could you get me a glass of water please?

바쁘시겠지만, 혹시 물 한 잔만 부탁드려도 될까요?

☐ Say please! 네가 '제발'이라고 말해야 해줄 거야!

☐ I know this is a lot to ask, but is it possible for you to upgrade my room? 어려운 부탁이지만, 혹시 제 방 업그레이드가 가능한가요?

☐ I know this is a lot to ask, but my coffee is too sweet for me. Could you make me a new one?

어려운 것 압니다만 커피가 너무 달아서요, 새로 만들어주실 수 있나요?

☐ I'm sorry to bother you, but my coffee is too sweet. Is it possible to get a new one?

번거롭게 해서 죄송한데, 커피가 너무 달아서요. 새로 만들어 주실 수 있나요?

Part 5.

할 말도 못하는 건
착한 게 아니다

_당당하게 말하기

인터뷰 현장에서 가장 피하고 싶은 순간이 있었다. 관계자가 나를 찍는 카메라 옆에 찰싹 붙어 3, 2, 1, 손가락을 하나씩 접으며, 마무리하라고 독촉할 때였다. 가끔은 인터뷰 시간을 조금이라도 더 벌기 위해 못 본 척 일부러 외면하기도 했다. 그럴 때면 그도 일어서서 두 팔을 크게 휘휘 저으며 '여기 봐! 1분 남았어!' '끝! 끝! 끝내세요' 온몸으로 말했다. 먼 나라까지 날아가 단 몇 분을 만나기 위해 왔는데 1분도 더 안 주는 그가 야속했지만 규칙은 규칙이었다. 손에 쥐어진 대본, 제작진이 기대하고 있는 인터뷰 내용, 배우에게 꼭 물어봐달라고 당부받은 질문들 등 할 말은 많은데 주어진 시간은 정말 짧으니 손에 땀이 흐르곤 했다. 그럴 때면 주먹을 불끈 쥐고 다짐했다. 내가 할 수 있는 건 주어진 시간을 백분 활용하는 것이다. 할 말만 간단히, 하지만 정확한 한 방을 노리자. 어찌 보면 우리가 영어를 할 때 가져야 할 태도이기도 하다. 거창한 것은 필요 없다. 간결하지만 정말 나에게서 나오는, 내가 own 하고 있는 표현들을 말할 수 있어야 한다.

현지에 있는 외국인들은 한국인을 So nice, So kind라는

파이팅 대신 OWN IT!

말로 표현한다. 대부분 좋은 인상을 갖고 있다고 이해하다가도 가끔 가만히 생각해보면 칭찬일까 하고 의아할 때가 있었다. 내한한 배우들이나 한국에 있는 외국인들은 우리나라 사람들의 첫인상으로 '열정'을 꼽는다. 배우들은 한국팬들의 열정적인 애정 공세에 놀라고, 가수들은 한국팬들의 열정적인 떼창에 놀란다. 외국인 친구들은 노는 것도 일하는 것도 열정적으로 하는 한국인들에 놀란다. 그만큼 우리는 똑 부러지고, 재미있고, 확실하다는 이야기다. 하지만 한국에서의 이런 모습을 외국에선 보기 어렵다. 영어 실력에 괜히 위축되어서 무례한 상황에 항의하지도 않고, 곤란한 상황에서도 그저 미소만 짓는다. 유독 해외만 나가면 so nice, so kind 하진 않은지 생각해볼 법하다.

할 말은 해야 한다. 은연중에, 상대방 기분 상하지 않게 빙빙 돌려서, 최대한 친절한 말로 하고 싶을 것이다. 그 마음이 잘못된 것은 아니지만 때론 확실하고 간단한 한마디가 오해를 만들지 않고 결국 서로를 위하는 길이 되기도 한다. 하지만 우리는 영어로 그런 표현을 배울 기회가 적었다. 말의 앞뒤로 please를 붙이면 공손한 표현이라는 것은 잘 알지만 똑 부러지고 확실하게 의견을 드러내는 표현을 배운 적이 없다. 화나면 I'm angry… 라는 말에 담지 못한 마음은 잘라내는가 하면, 영어를 할 때는 친절해야 한다고 누가 정해놓은 것처럼 행동하곤 한다. 영어를 잘 못한다는 핑계로 나 자신과 내 감정을 속이는 일이다.

거절, 거부할 때뿐만 아니라 평소에 일할 때나 호의적인 상황에서도 소위 '정색하고' 말하는 게 더 효과적일 수 있다. 기업, 대학교 등에서 영어로 잘 말하고 싶어 하는 사람들을 코칭하다 보면 의외로 많이 받는 질문 중 하나가 '제가 그렇게 말해도 돼요?'이다. 대학생은 대학생대로 면접관에게 강력하게 말해도 되는지, 회사의 임원들은 임원대로 어떤 말로 회사의 사기를 높일지, 과장은 과장대로 어떻게 건의해야 할지 고민한다. 그들에게 단호하게 말하라고 권한다. 단순히 좋은 일이 아니라 내 인생의 터닝포인트가 되었을 때, 끝난 일이 아니라 앞으로도 많은 영향을 끼칠 것 같을 때, 칭찬의 말을 건넸는데 겸손을 넘어 자기부정을 할 때, 좋은 말로 했지만 변하는 게 없을 때 등 좋은 일이든 나쁜 일이든 진지하게 말해야 더욱 잘 전달되는 마음이 있다. 즐거운 일에 마냥 헤헤거리고, 나쁜 일에 울상을 짓는 것만이 솔직함의 전부는 아니다.

확실하게 자신의 감정을 어필하기 위해서는 강력한 단어에 힘을 줄 줄 알아야 한다. 흔히 단어장에 나오는 거창하고 화려한 단어를 외울 필요도 없다. 강력하게 자신의 의견을 이야기하거나 화를 내야 하는 상황에 적절한 뉘앙스, 표정과 어울리는 한마디를 익혀야 한다. 우리말로 해도 쉽지 않은 상황이니만큼 의식하며

파이팅 대신 OWN IT!

익히는 게 중요하다. 되도록 많은 미드나 영화를 보되 특정 장면을 통째로 머릿속에 넣어두는 것이 좋다. 주인공이 자신의 억울함을 대변하기 위해 던지는 한마디, 극중 시니컬한 캐릭터가 자주 하는 한마디, 착한 캐릭터가 화를 낼 때 간신히 내뱉은 한마디 등 여러 작품 속에서 한마디씩 찾아 익히다 보면 영어뿐만 아니라 가장 나다우면서도 당당하게 말하는 자신을 발견할 수 있을 것이다.

자신이 조금이라도 안 좋은 기분을 느꼈다면 분명 안 좋은 일일 것이니 그대로 표현하자. 물론 기쁘고 재밌는 일이라면 더할 나위 없이 즐거워해도 된다. 부정적인 면모든 긍정적인 면모든 당신이 그렇게 느끼고 생각하고 원한다면, 마음껏 강조해도 좋다. 혹여나 오해받을 게 두렵다면 '할 말만 간단히, 정확한 한 방'으로 말하는 게 좋다. 친절하든 친절하지 않든, 재미있든 재미없든, 화가 나서 미칠 것 같든 아니든 그 모든 모습이 당신 자신이다. 그런 당신도 괜찮다.

I don't enjoy
working out.

영화 〈오만과 편견〉에서 제인 베넷이 찰스 빙리의 청혼에 "Yes! A Thousand times Yes!"라고 했던 것이 떠오른다. 직역하자면 '천 번 그렇다'인데 얼마나 좋았으면 천 번이나 Yes를 외치고 싶었을까? 우리 말에도 '좋아, 너무 좋아'라든가 '절대 안 돼, 죽었다 깨어나도 안 돼'처럼 강한 긍정과 부정의 표현들이 있다. 이를 영어로도 충분히 표현할 수 있다. Yes 한마디로는 흔쾌히 수락하는 마음이 충분하게 전달되지 않거나 No나 not으로는 상대가 나의 강력한 거절 의사를 충분히 이해하지 못할 것 같을 때, 확실하게 의사 표현할 수 있는 말이 있다.

I do not enjoy working out.

풀어 쓰고, 반복하고…
조금만 달라도 달라질 수 있다

_드웨인 존슨처럼 의미를 강조하자

드웨인 존슨 하면 학창시절에 봤던 WWE 프로레슬러 챔피언 '더 락'이 가장 먼저 떠올랐다. 그랬던 그가 차근차근 단단하게 필모그래피를 쌓아 이제는 〈분노의 질주〉〈쥬만지〉 같은 대작에 출연하며 할리우드 대표 배우로 거듭났다. 이병헌 배우의 출연으로 국내에서 화제가 된 영화 〈지.아이.조 2〉 홍보차 내한했던 그를 이병헌 배우와 함께 인터뷰할 수 있었다. 195㎝의 키, 단단한 근육, WWE 챔피언 출신인 그의 카리스마에 위축될까 봐 걱정했지만, 선한 눈빛과 따뜻한 미소를 보자마자 편안하고 섬세한 사람이라는 걸 알 수 있었다.

〈지.아이.조 2〉는 특수 군단 요원들의 이야기라 두 배우도 체력 관리에 더 신경을 썼다고 했다. 영화 때문이 아니더라도 드웨인 존슨은 프로레슬러로 데뷔한 이후 오랜 세월 동안 체형이 변한

걸 본 적이 없었다. 작심삼일 다이어터인 나로서는 그의 비결이
궁금했다.

Believe me, I do not enjoy working out sometimes but it's all
about self discipline.
정말이지, 가끔은 운동하는 게 즐겁지 않아요. 하지만 자기
훈련을 잘해야죠.

여러모로 대단한 그였지만 "do not enjoy"라는 말에서 묘한
동질감을 느꼈다. 그도 운동하는 게 싫구나 하고. 그가 do not을
don't로 줄여서 쓰지 않아서 더욱 와닿았다. 우리는 보통 do와
not을 함께 쓸 때 줄여서 don't라고 한다. 하지만 강하게 부정하고
싶을 때 줄여 쓰지 않으면 그 의미를 더욱 확실하게 전달할 수
있다. Do not으로 시작하는 문장을 떠올려보자. 호텔 숙박 중
하우스키핑housekeeping을 거절하며 문고리에 거는 Do not disturb
카드, 박물관 전시물 앞에 놓인 Do not touch 경고문이 떠오를
것이다. 최고의 체력을 자랑하는 드웨인 존슨도 때로는 운동이
정말, 매우 즐겁지 않을 때도 있음을 do not을 써서 강조한 것이다.
같은 맥락으로 can't, shouldn't, won't를 can not, should not, will
not으로 써도 된다. 여행지를 다니다 보면 호객 행위나 물건을

강매하는 경우가 가끔 있다. 그럴 때도 강력한 한 방이 필요하다. 친절하고 난처한 표정으로 no를 말하는 것보다. I do not want to be disturbed! / Do not touch me.처럼 정색하며 말하는 연습도 필요하다.

꼭 부정할 때뿐만 아니라 평소에 자주 쓰는 줄임말도 풀어 쓰면 '밑줄 쫙, 별표!'한 것처럼 강조한 느낌을 줄 수 있다. 흔히 줄여 쓰는 That's ○○, It's ○○부터 시작하면 된다. 예를 들어 That's amazing. 정말 끝내준다! 하는 것보다 That is amazing! 와, 저거 정말 끝내준다이 좀 더 강조하는 말이다. It's your last chance. 이번이 마지막 기회입니다를 It is your last chance.라고 말한다면 정말 마지막 기회다. 중언부언할 필요 없이 진지한 분위기를 조성할 수 있다.

격식 없는 자리에서 더 편하고, 간단하게 쓰는 방법도 있다. 강조하고 싶은 내용을 두 번 말하면 된다. 특별한 수식어를 따로 익힐 필요 없이 하고자 하는 말의 형용사를 두 번 말하면 된다. 예를 들어 Are you hungry?라는 친구의 질문에 답해보자. 사실 배고픔에도 여러 단계가 있다. 약간 출출한 정도의 배고픔부터 당장 뭐라도 먹지 않으면 쓰러질 듯한 배고픔까지 말이다. 후자의 경우 I'm hungry, hungry. 하면 말할 에너지도 아끼면서 매우 배고픔을 호소할 수 있다. 이런 활용법도 있다. 어떤 사람에 대해 He is mean mean!이라고 했다면, '심술궂다'는 의미의 mean을 두 번 사용하면서 그는 보통 못된 게 아니라 진짜 차가운 사람임을 강조하는 것이다. 착한 사람을 She is nice nice.로 말한다면 그 사람은 정말 착하디 착한 사람, 날개 없는 천사나 다름없다. 최근 인기 있는 넷플릭스 드라마 〈네버 해드 아이 에버〉에선 "She didn't think of herself as Indian Indian."라는 말이 나왔다. 인도 전통 문화에 흥미를 못느끼는 사춘기 주인공 소녀를 '그녀는 그녀 자신을 뼛속까지 인도인이라고는 생각하지 않았다'라고 설명한 것이다. 이렇듯 두 번 말하기는 원어민들이 일상에서 자주 활용하는 진짜 생활 표현이다.

어렸을 적부터 지내온, 전혀 허물없는 사이에선 Yes와 No 앞에 각각 Hell을 붙여보자. 지옥이라는 뜻의 Hell이 붙으면 부정적인 의미일 것 같지만 '완전!' '진짜!' 정도로 강조하는 표현이다. Do you want to order pizza for dinner? 저녁으로 피자 시켜 먹을래? Hell yes~! 완전 좋지! 피자 완전 좋아!처럼 긍정의 의미를 강조할 때도, Can I have your new shirt? 새로 산 셔츠 내가 가져도 돼? Hell no! 미쳤어? 절대 안 돼!처럼 부정의 의미를 강조할 때도 쓸 수 있다. 상대방과 어느새 이런 말을 주고받는 사이가 되었다면 그 사람과는 둘도 없는, 진짜 친구 관계라고 여겨도 된다.

Hell no!만큼이나 거절의 의사를 강력하게, 그러나 격식 있게 표현하려면 Over my dead body.라는 말을 기억하자. 직역하면 '죽은 나의 몸 위로'인데 우리말 중에 '내 눈에 흙이 들어가기 전에는 안 된다'는 의미에 가깝다. '절대 반대, 내가 죽거든 하세요!'라며 강력하게 거절하는 말이다. 격식 있는 자리에서 써도 되는 말이지만 이 말이 나오면 정말 심각한 상황이기 때문에 되도록 쓸 일이 없기를 바란다.

기존의 모습에서 벗어나고 싶은 사람이라면 누구나 새로운 것부터 찾는다. 새 옷, 새로운 머리 스타일, 새로운 습관… 영어도 마찬가지다. 교과서적인 말투에서 벗어나고 싶다, 생활영어를 잘하고 싶다, 비즈니스 영어가 필요하다 등 여러 계기로 새로운 스타일을 살펴보고 그 문장이나 단어를 외운다. 그런 노력도 필요하겠지만 처음에 기대했던 것처럼 180도 다른 결과를 얻을 순 없다. 노력이 부족하다는 말이 아니다. 변화란 기존의 것을 버리고 새로 시작하는 결과의 말이 아니라 작은 것부터 천천히 내 것으로 만드는 과정의 말이다. 자신의 영어에 변화를 주고 싶다면 말투를 바꾼다는 마음으로, 작은 것부터 시작하는 게 좋다. 매일 하다 보면 어느새 새로운 모습으로 거듭나 있을 것이다.

좋은 것 중에 정말 좋은 것, 싫은 것 중에 정말 싫은 것은 무엇인가요?

□ I do not want to be disturbed!

(호객 행위하는 사람에게) 안 사요! 방해하지 마세요!

□ Do not touch me, please. (안 사요!) 잡지 마세요.

□ That is amazing! 와, 저거 정말 끝내준다!

□ It is your last chance. 정말 이번이 마지막 기회입니다.

□ I'm hungry, hungry. 너무 배고파서 죽을 거 같아.

□ He is mean mean! 그는 정말정말 못됐어!

□ She is nice nice. 그는 날개 없는 천사나 다름없어.

□ Hell yes! 완전 좋지!

□ Hell no! 미쳤어? 절대 안 돼!

□ Over my dead body. 내 눈에 흙이 들어가기 전에는 절대 안 됩니다.

What is that?

예능 프로그램에서 소위 'MSG를 좀 쳤다'고 말하는 걸 들을 수 있다.
자신의 이야기를 조금 과장해서 말했음을 재밌게 이실직고하는 말이다.
과장한다고 해서 말도 안 되는 허세를 부리거나 없던 일을 만들어내는
게 아니라 표현만 살짝살짝 더하거나 바꿨을 뿐인데 더 재밌고, 생생하게
전달될 때가 있다. 영어에도 이런 말들이 있다. 내 감정, 내 상태, 내
이야기를 더욱 풍성하게 전할 수 있는 MSG 같은 말들을 더해보자.

What on earth is that?

재밌고 좋은 일은 최대한 부풀리자, 모두에게 닿도록

_태런 에저튼처럼 오버하자

〈킹스맨 : 시크릿 에이전트〉의 개봉을 앞두고 이 영화의 주역들과 인터뷰하게 되었다. 매튜 본 감독, 콜린 퍼스와의 만남도 무척 좋았지만 이 작품으로 한국에 처음 이름을 알리게 된 태런 에저튼에게 눈길이 갔다. 떠오르는 스타이자 주인공 에그시 역으로 큰 사랑을 받게 된 그는 첫 글로벌 홍보 인터뷰인데도 긴장한 내색 없이 쿨한 에너지를 보여주었다. 그에게 대선배인 콜린 퍼스와 열연한 소감을 물었다.

Oh, it was the best experience in my life, period.

오, 정말 뭐라 말할 것도 없이 제 인생 최고의 경험 그 자체죠. 덧붙일 말도 없어요.

태런 에저튼의 말에서 period를 보고, '기간, 시대, 시기'로 해석하는 사람이 있을 것이다. '인생 전체 통틀어서 그런가 보다'라고 오해할 수도 있겠다. period는 문장 끝에서 마무리를 짓는 느낌으로 말하는, 문장부호 '마침표'를 나타내는 표현이다. '~했다 (소리 내) 마침표'라고 말한 셈인데 우리말 중에 '이제 끝!'에 가깝다. 말한 문장이 그 내용으로 확실히 끝났음을, 덧붙일 내용도, 덜어낼 내용도 없다는 뜻이다. 거두절미하고 이 말이 제일 중요하다, 확실하다고 땅땅땅 못 박았다는 의미다. 영화의 한 장면에서 화가 잔뜩 난 엄마가 딸에게 You are not going to the party, PERIOD. 너 파티에 못 갈 줄 알아라라고 말했다면 안타깝지만 딸은 체념해야 한다. PERIOD라는 표현 하나로 엄마의 말에는 '내가 하는 말이 맞다, 토 달지 말아라, 나는 굉장히 확고하다'는 의미를 전달했기 때문이다. 딸은 변명할 수도, 엄마의 마음을 바꿀 수도 없다. 긍정문, 부정문 상관없이 무언가에 대한 확고함, 확신을 전달하고 상대방은 토를 달지 않고 그냥 있는 그대로 수긍해주길 바랄 때 쓰면 된다. 만약 친구가 꼭 참석해야 하는 자리에 오기를 주저한다면 You must come, PERIOD! 무슨 일이 있어도 꼭 반드시 와야 해!라고 말하면 된다.

참고로 period의 의미로 해석하기 쉬운 '시간이 오래 걸렸다'는 뜻을 과장해서 말하고 싶다면 forever를 활용하면 된다. I've been waiting forever. 나 진짜 오래 기다렸어, It took forever to get here. 여기 오는 데 진짜 오래 걸렸어 하면 '한~참' '온종~일'의 뉘앙스를 전하며 오래 걸린 시간을 강조할 수 있다.

literally 문자 그대로도 자주 쓰이는 말이다. 사실 이 말 없이도 문장은 완성되고 의사를 전달할 수 있다. 거기에 문장 전체를 뒷받침해주는 단어로 살짝 덧붙여주기만 하면 되는데 들인 노력에 비해 효과는 몇 배 크다. 친한 친구뿐만 아니라 진지한 대화나 격식 있는 상황에서도 메시지를 강조할 수 있다. 친구에게 '나 진짜 오버 아니고' '거짓말 아니고' 하면서 있었던 일을 흥미진진하게 이야기할 때 있지 않은가. 그런 느낌으로 사용하면 된다. I was walking down the street, and literally a bird pooped on my head! 내가 길을 가다가 새 똥을 맞았잖아! 같은 이야기에 써주면 흥미진진함이, I literally passed out on the bus yesterday. 나 진짜 어제 말 그대로 버스에서 기절했잖아 처럼 흔하지 않은 거짓말 같은 이야기에는 신빙성을 더할 수도 있다. 과장을 조금도 더하지 않은, 하지만 실제로 일어난 일임을 박진감 넘치게 전하는 것이다.

질문할 때도 표현이나 감정을 풍부하게 만들 수 있다. 그중 on earth는 정말 유용하게 쓸 수 있는 표현이다. 한 상황을 상상해보자. 학교에 갈 시간이 한참 지났는데도 자고 있는 동생을 발견했다.

What are you doing? 지금 뭐 하고 있나는 표현으론 당황스러운 마음을 다 표현할 수 없다. 이럴 때 What on earth are you doing? 한다면 '세상에나 넌 도대체! 여태! 왜! 여기서 뭘 하고 있는 거야?'라는 충격과 공포(?!)를 전달할 수 있다. 주로 육하원칙을 묻는 의문문에 쓰는데 'Wh-/How + on earth + 내용'의 순으로 문장을 만들면 된다. 만약 징그럽게 생긴 벌레를 봤다면 What is that? 대신 What on earth is that? 으! 저건 도대체 뭐야?을 써서 '아 진짜' '도대체' '왜' '세상에' 같은 의미를 전달 수 있다.

　　on earth를 the hell로 대체해 똑같은 방법으로 응용해도 된다. 영화나 미드에서 흔히 들을 수 있는 What the hell! 아 정말 뭐야!이 좋은 예다. 단순히 What?!과 What the hell!이 전하는 느낌은 다르다. hell이라고 해서 반드시 부정적인 상황에만 쓰이는 것도 아니다. 개인적으로 the hell로밖에 표현할 수 없었던 상황이 있었다. 촉박한 일정에 맞춰 인터뷰하기 위해 외항사 비행기를 탔을 때였다. 승무원이 졸고 있던 나를 깨웠다. "Angela?" 혹시 엔젤라 아니냐?, "Lia? What the hell are you doing here!?" 리아, 어머나 세상에, 너 여기서 뭐 하고 있는 거야!? 고등학교 기숙사에서 3년이나 같이 살았지만 졸업 후 소식이 끊긴 친구를 승무원과 탑승객으로 우연히 마주친 것이다. 꿈인지 생시인지 서로 기쁜 마음에 주변의 시선도 잊은 채 환호성을 질렀다. What are you doing here?처럼 차분하고 정석의 말로만은 표현할 수 없는 반가움이었다. What the hell! 자체는 안 좋은 의미의 감탄사로 많이 쓰이지만 문장 속에 쓰인 the hell은 도대체, 어떻게, 왜 등 수많은 궁금증을 한마디로 전해준다.

문자나 메신저로 대화할 때도 간단하고 재밌게 강조할 수 있다. 우선 It's good과 It's GOOD!을 보자. 형용사를 단순히 대문자로 썼을 뿐인데 전혀 다른 느낌을 전한다. 전자가 '괜찮다'라면 후자는 '와! 완전 좋다!'는 의미다. 이처럼 단어(주로 형용사)를 모두 대문자로 쓰면 그 의미를 더 강조한다. That sounds GREAT! 정말 잘됐어요, You are AWESOME! 정말 대단해요!처럼 텍스트로 표현할 수 있는 과장의 기술이다. 친근한 사이에서뿐 아니라 비즈니스 이메일에서도 쓸 수 있다. 공식적인 일이나 계약서 등에는 사용할 수 없지만 Thank you so much! You did a GREAT JOB yesterday! 감사합니다. 수고 많았습니다 식으로 마음을 전하기에 충분하다.

이도 저도 어렵다면, 그냥 길게 늘여 말하자. 예를 들어 상대방이 너무 보고 싶을 때 흔히 I miss you라는 말에 so much나 very much를 붙인다. 하지만 이마저도 부족하다면? 그럴 땐 철자를 늘려 과장하면 된다. I miss you soooo much! 너무너무 보고 싶어요, I love you sooooooo much! 정말정말 사랑해처럼 철자를 얼마나 길게 늘릴지는 쓰는 사람 마음이다. 문자 보낼 때, 말할 때 모두 활용해도

파이팅 대신 OWN IT!

좋다.

같은 이야기를 하더라도 유달리 사람의 마음을 끄는 사람이 있다. 목소리가 멋있거나, 발음이 좋아서, 외모가 잘생겨서, 스타일이 좋아서 등 당연한 조건으로 언제 어디서나 모두의 주의나 관심을 이끄는 사람 말고 마음이 가는 사람 말이다. 분명 특별할 것 없었지만 문득문득 생각나고, 뭐 하는지 궁금하고, 함께 이야기하고 싶은 그런 사람은 대부분 자신의 감정을, 이야기를, 상태를 생생하게 말하는 사람이었다. 보여주는 것만큼 생생하지 못할 텐데도 어떻게든 전하기 위해 한마디라도 덧붙이는 사람들은 앞에 소개한 말들을 쓰곤 했다. 기쁘다면 마음껏 기뻐하고, 신나게 웃고, 상대방의 말에 진심으로 울고 웃는 그런 사람 앞에서는 밤새 이야기하고 싶다.

그간의 일 중 충격과 공포, 놀라움, 궁금증, 박진감이
넘치는 일은 무엇이었나요?

☐ It was the best experience in my life, PERIOD.

정말 뭐라 말할 것도 없이 제 인생 최고의 경험 그 자체죠. 덧붙일 말도 없어요.

☐ You are not going to the party, PERIOD.

너 파티에 못 갈 줄 알아라.

☐ You must come, PERIOD! 무슨 일이 있어도 꼭 반드시 와야 해!

☐ IU is the best singer in Korea, PERIOD.

아이유는 한국 최고의 가수죠. 틀림없이요.

☐ I've been waiting forever. 난 진짜 오래 기다렸어.

☐ It took forever to get here. 여기 오는 데 진짜 오래 걸렸어.

☐ I literally passed out on the bus yesterday.

나 진짜 어제 말 그대로 버스에서 기절했잖아.

☐ You have no idea. Literally, it was a diaster.

말도 마. 아주 난장판이었어.

☐ What on earth are you doing?

세상에나 넌 도대체! 여태! 왜! 여기서 뭘 하고 있는 거야?

☐ What on earth is that? 으! 저건 도대체 뭐야?

☐ Who on earth is he? (수상한 남자를 가리키며) 저 남자는 누구야?

☐ How on earth did you get here?

(깜짝 놀라며) 여기 어떻게 나타난 거야?

☐ What the hell! 도대체 뭐야!

☐ That sounds GREAT! (문자나 메신저 상에서) 정말 잘됐어요!

☐ You are AWESOME! (문자나 메신저 상에서) 정말 대단해요!

☐ I miss you soooo much! 너무너무 보고 싶어요.

☐ I love you sooooooo much! 정말정말 사랑해!

I'm angry.

해외를 다니다 보면 안타깝게도 불쾌한 상황이 가끔 발생한다. 놀랍게도 인종 차별적인 발언을 하는 사람도 여전히 있고, 제대로 된 서비스를 제공하지 않는 경우도 있다. 아니라고 믿고 싶지만 그냥 순순히 받아들일 수도 없는 상황에서 흔히 떠올리는 I'm angry.는 적절한 말은 아니다. 마치 아이가 떼를 쓰는 느낌이라 '그래서 어쩌라고?'라는 반응이 오기 십상이다. 굉장히 불쾌하고 용납이 안 되는 상황에서 쓸 수 있는 말들, 흥분하지 않고 단어 몇 개로 상황을 정리할 수 있는 말들은 따로 있다.

You just crossed the line.

화를 내야 실마리가 보인다

_맷 데이먼처럼 한 방 날리자

　　수식어가 필요 없는 멋진 배우 맷 데이먼과 〈디스트릭트 9〉 등에서 열연한 연기파 배우 샬토 코플리. 이 두 배우를 〈엘리시움〉이라는 영화 덕분에 한국에서 함께 만났다. 그 어떤 인터뷰이들보다 최강의 케미를 자랑했던 이들 덕분에 인터뷰 내내 배를 잡고 웃었다. 인터뷰 시작 전부터 시끌벅적, 화기애애 그 자체였다. 인류 미래가 달린 최후의 생존 싸움을 다룬 액션 영화여서 사뭇 진지할 수도 있었던 촬영장에서도 항상 웃음이 끊이지 않았다고 했다. 짓궂은 장난을 칠 정도로 좋은 친구던 이들은 승부욕을 자극하기 위해 사소한 내기를 자주 했다는데, 주로 누가 이겼느냐는 질문에 샬토 코플리가 선수를 쳤다.

　　(샬토 코플리) I am so much better than Matt at EVERYTHING.

(맷 데이먼) That is absurd!

아주 모~든 면에서 내가 맷보다 월등하죠.

말도 안 되는 소리예요!

맷 데이먼이 사용한 absurd는 알아두면 좋을 단어다. 아니, 꼭 기억해두자. 농담하는 분위기에서 장난으로 던진 말이지만 터무니없을 때 직접적으로 반박하기 좋다. 터무니없는, 불합리한 상황에 닥쳤을 때 '나는 지금 이 상황을 받아들일 수 없다' '용납이 안 된다'는 의사를 강력하게 전달할 수 있으므로 항의할 때 사용하면 좋다.

단순히 불쾌함, 항의를 넘어 경찰을 불러야 할 정도로 심각한 상황에서도 쓸 수 있다. 한번은 런던의 한 마켓에서 20파운드 지폐를 냈는데 점원이 거스름돈을 주지 않은 적이 있었다. "Excuse me, where is my change?" 거스름돈은 안 주나요?, "I just gave it to you!" 돈 줬잖아! 시치미 떼고 뻔뻔하게 나오는 점원에게 This is absurd. This is ridiculous! 말도 안 돼요! 강력하게 말하며 Let's call the police and watch your Surveillance video! 경찰 불러 CCTV를 봐야겠어요!라고 했다. 점원은 그제야 한숨을 쉬며 동전들을 던지듯 거슬러줬다. 화를 내다 제풀에 지쳐 포기하길 기다리거나 일일이 따지지 못할 것이라 여기며 무례하게 구는 경우는 생각보다 많다.

그럴 땐 큰소리치며 화내는 것보다 얼마나 불합리한 상황인지 짚는 게 더 효과적일 수 있다. That is absurd.와 같은 선상에서 This is not acceptable. 그건 받아들이기 힘듭니다, That doesn't make sense to me at all. 저는 정말 이해가 안 갑니다라고 항의하면 된다.

맷 데이먼과 샬토 코플리의 인터뷰를 조금 더 이야기해보면, 두 사람은 호주에서 한국으로 오는 비행기 안에서도 가만히 있지 않았다. 누가 물을 많이 먹나 내기하는 바람에 물을 몇 리터씩 경쟁하듯 마셨다고 했다. 이번에는 누가 이겼냐고 물으니 맷 데이먼은 "Who do you think won?" 누가 이겼겠어~ 당연히 나지!라며 자랑했다. 두 사람의 장난 섞인 신경전은 마지막까지 계속됐다. 인터뷰를 마치면서 한국어로 배워보고 싶은 표현이 있냐고 물었더니 맷 데이먼이 "How do you say, 'Can I get you some water?'" '물 좀 줄까요?'를 한국어로 물어보았다. '물 마시기' 경쟁을 떠올리는 듯 샬토 코플리를 보며 묻길래 격식 있는 표현보다는 상황에 맞게 "물 줄까?" 하고 알려주었다. "물 줄까~?" 하는 맷 데이먼을 보고 샬토 코플리가 질세라 "I'm not thirsty."를 한국어로 물었다. '목이 마르지 않다'로 알려줄 수 있었지만 두 사람의 경쟁 구도를 생각해 '됐거든~'으로 알려주었다. 손바닥을 내밀며 맷 데이먼에게 "됐거든~" 하는 샬토 코플리의 발음이 어찌나 좋던지 촬영장은 웃음 바다가 되었다.

이때 '됐거든'의 의미는 No with an attitude.라고 설명해주었다. attitude는 흔히 태도, 자세의 의미로 알려져 있다. 하지만 실생활에서 형용사를 붙이지 않거나 특별한 설명 없이 이 단어만 사용하면 '버릇없고 비꼬는 태도'라는 의미다. 누군가를 He/she has an attitude problem.라고 표현한다면 '그/그녀는 무례하다'는 의미를 전할 수 있다. 이 표현을 누군가 나에게 무례하게 행동했을 때나 전반적으로 불친절한 사람에게도 사용할 수 있다. Are you giving me an attitude? 왜 제게 무례하게 행동하시나요?, You are giving me an attitude. 당신은 제게 무례하시네요. 하며 나를 함부로 대하는 사람에게 경고하면 된다. 비슷한 표현으로 You just crossed the line. / You've crossed the line.도 있다. 말 그대로 '선 넘는 경우'인데 정도가 지나친 상대방에게 따끔하게 나의 불쾌감을 전달할 수 있다. 상대방의 짧은 생각이나 실수가 나에게 해를 끼쳤을 경우 '당신 너무했다, 정도를 넘었다'의 의미로 You've gone too far!라고 말해도 좋다. 얼마나 화가 났는지 구구절절 말하기보다 상대방의 잘못을 지적하며 더 빨리 상황을 정리할 수 있다.

너무 화가 나서 이것저것 생각할 겨를 없이 I'm angry! 하고 내뱉었다면 재빨리 이유를 덧붙이자. I'm so angry because ○○. 하며 이유를 덧붙이거나, I'm furious about ○○. 하며 좀 더 강하게 화가 머리끝까지 난 상태를 조목조목 설명해야 한다. 화났다는 것을 표현하는 것에서 그치는 게 아니라 상황을 정리하고 해결할 실마리를 제공하는 것이다. 감정 표현에도 나이를 매길 수 있다면 화를 내고 마무리하는 것까지가 어른의 나이에 어울리는 모습일 거다.

'화병'을 이야기하는 외국기사를 본 적 있다. 우리말 그대로 Hwa-byung으로 적으며 우리나라 사람에만 있는 병이라 설명했다. 이렇게 다정한 사람들인데 어쩌다 화병의 민족으로 불리게 되었을까. 사실 우리가 화가 많다기보다는 화를 제대로 해소하지 못하는 것에 가까운 것 같다. 사회적 시선이나 평판, 어른스러움 등을 갖추다 보니 화를 감추느라 마음속 병이 쌓이고, 엉뚱한 곳에서 터져서 상황은 악화되고, 그 상황을 보면서 화를 더 내지 못하는 악순환. 화를 제때 말하지 않으면 상황은 더 악화된다는 것을 교훈 삼아 조금씩이라도 제대로 화내는 연습을 시작하면 좋겠다. 문제를 해결하고자 적극적으로 진짜 어른스럽게 임한다는 마음으로 말이다.

화가 난 이유에 대해 진지하게 대화해본 적 있나요?

☐ This is absurd. 말도 안 돼요.

☐ This is ridiculous! 말도 안 돼!

☐ This is not acceptable. 그건 받아들이기 힘듭니다.

☐ That doesn't make sense to me at all. 저는 정말 이해가 안 갑니다.

☐ It doesn't make sense to me. 저는 정말 이해가 되지 않아요.

☐ Are you giving me an attitude? 왜 제게 무례하게 행동하시나요?

☐ You are giving me an attitude. 당신은 제게 무례하시네요.

☐ You just crossed the line. 당신 방금 선 넘었어요.

☐ you've crossed the line. 선을 넘었네요.

☐ You've gone too far! 정말 너무하는군요!

☐ I'm annoyed by you. 당신 때문에 정말 불쾌합니다.

☐ I'm annoyed by this situation. 이 상황에 정말 짜증이 나네요.

☐ I can't believe this is happening. 이런 말도 안 되는 일이 벌어지다뇨.

☐ Are you serious? 지금 진심이에요?

☐ Please, don't make a scene here. You are in a public place.

여기서 소란 피우지 마세요. 여기는 공공장소입니다.

Part 6.

평범한 일상에
특별한 순간이 있다

_재미있게 말하기

어렸을 적 배운 말을 일평생 쓰는 것 같지만 사실 말도 늘 업데이트된다. 시대별, 나라별, 세대별, 상황별로 사라지는 말이나 새로 생기는 말은 언제나 있기 때문이다. 최근에는 태생부터 온라인에 익숙한 Z세대를 중심으로 그들이 사용하는 말과 그 뜻을 알려주는 사이트가 있을 정도다. 한번은 진짜를 뜻하는 신조어 '짜짜'와 대박을 뜻하는 '박박'이라는 말을 소리 내 읽어본 적 있다. 나름 노력해보는 것이지만 사실 머릿속은 뒤죽박죽이다. 짜짜와 박박의 차이는 뭘까, 어떤 상황에서 어떤 태도로 써야 하는 걸까, 외국인 친구들에겐 무슨 의미라고 설명해줘야 할까, 내가 평소에 잘 쓰는 추임새 awesome이라고 생각하면 될까 등등. 신조어를 글로 배웠습니다만, 역시 말은 공부하는 게 아니라는 걸 실감한다. Z세대와 대화하며 사용해보고 몸소 느껴보지 않는 이상 영원히 저 말의 진짜 재미를 알 수 없을까 봐 조금 초조하다.

말을 잘한다는 건 단순히 단어 하나, 표현 하나를 머리로 아는 게 아니라는 사실을 실감한다. 상대를 이해하는 일이기도 하고 지금 내가 사는 시대를 아는 것이기도 하다. 모든 게 빠르게 변하고, 다양하고, 새로운 것이 자연스러운 시대여서 그 일은 더욱 힘들다. 다행인 건 힘든 일이기 때문에 노력해야 한다는 것을 우리가 안다는 사실이다. '요즘 누가 그렇게 말해요?' '요즘에는 그런 말 하면 안 돼요.' '제 말뜻은 그런 게 아니었어요.' '부모가 이렇게 말하면 아이는 저렇게 받아들여요.' '신입사원이 이렇게 말해서 놀랐어요.' 등 말하기에 대해 이렇게 진지하게 고민했던 적 있을까 싶을 정도로 노력의 양상도 다양하다. 하지만 그렇게 고민하는 것과는 달리 놓치는 게 있다. 우리에겐 시간이 필요하다는 것. 상대를 이해하는 일도, 변하는 시대에 맞게 태도와 말을 업데이트하는 데도 시간이 필요하다.

영어도 마찬가지다. 영어도 말이니만큼 그런 시간이 필요하다. 대신 시간 안배를 잘해야 한다. 지금까지 해왔듯 영어를 책으로 공부할지, 상대나 나 자신에게 어울리는 영어를 익힐지 말이다.

영어를 잘하려면 반드시 알아야 할 추임새, 뉘앙스 등은 책으로 공부해선 결코 익힐 수 없다. 제일 좋은 방법은 현지에서 실제로 부딪혀보면서 보고 느끼는 것이겠지만 상황이 녹록지 않다. 이와 그나마 근접한 방법은 틈틈이 미국드라마를 많이 보는 것이다. 다양한 장르 중에서도 재미는 있지만 낯선 단어가 많이 나오는 범죄 수사극, 시대극, 히어로물은 잠시 미뤄두고 현지 생활 모습이 많이 나오는 가족 드라마, 코미디 장르를 접하는 게 좋다. 지금

세대가 쓰는 말이 따로 있다는 것에서 유추할 수 있듯 너무 옛날 드라마보다는 최근 드라마를 보는 게 가장 좋다.

핵심은 '공부'라고 생각하지 않는 것이다. 한국어 자막을 켜놓고 봐도 좋다. 대신 자세히 관찰할 것. '저런 제스처는 어떤 의미지?' '이런 말을 할 때는 눈을 굴리네' '어이없을 땐 저런 표정을 짓네' 등 자신에게 재밌거나 인상 깊었던 말과 행동들이 보일 것이다. 당장 사용하지 못하더라도 상대방의 표정이나 행동을 더 잘 이해하는 데 의의를 두고 의식해서 보면 자신도 모르는 새 익숙해져 있을 것이다.

평소 자신의 추임새나 뉘앙스 자체를 영어로만 살짝 바꾸면 이미 내 것이었던 것이니만큼 쉽게 익힐 수 있다. 예를 들어 소위 직장인들의 급여체라고 불리는 '네'라는 대답을 들 수 있다. '열심히 해보겠다' '잘 알아들었다'는 의미인 '넵'이라고 답하고 싶을 때는 단순히 Yes보다는 Got it이 더 적합하다. '네'보다는 상냥하고 가벼운 느낌의 '넹'을 쓰고 싶다면 그때도 Yes보다는 Yup이 더 자연스럽다. 회사에서 '넵'을 더 많이 쓰는 사람과 '넹'을 더 많이 쓰는 사람이 익혀야 할 뉘앙스는 이렇게나 다르다. 영어를 잘하기 위해 공부를 해야 한다면 책보다는 나 자신이나 상대방을 공부하는 게 더 맞다.

같은 또래여도 외국인들은 우리보다 얼굴 주름이 더 깊다. 그만큼 다양한 표정을 짓고, 자신의 감정과 의견을 표정과 온몸으로 표현하기 때문이다. 그래서 추임새, 뉘앙스, 제스처를 이해하는 것은 격식 있는 표현, 소위 고급 영어를 구사하기보다 어렵다. 상대방의 온 세계를 이해하는 일이니까. 그리고 그만큼 재밌고 소중한 일이기도 하다. 평범한 일상에서만 포착할 수 있는 특별한 순간이니까. 당신도 그런 순간을 만들 수 있다.

It's almost green!

흔히 'OO은 영어로 □□', '△△할 땐 영어로 ▽▽' 식으로 딱딱 정답 외우듯 상황에 맞는 표현을 연습한다. 하지만 실제 상황에서는 해당 말처럼 완벽하게 떨어지는 경우가 적다. 예를 들어 파란색은 blue인데, 푸르스름한, 푸른 빛이 도는 느낌을 말하고 싶을 때 그렇게 말해도 될까. 7시 즈음 도착한다거나 10분 정도 늦는다는 등 일상에서 자주 쓰는 말들은 어떻게 말할 수 있을까. 시간, 나이, 색상 등 원래 알고 있던 형용사나 명사 뒤에 붙이기만 하면 또 다른 의미가 되는 마법 같은 표현을 알아보자.

Greenish!

진심을 다해 대~충이어도 괜찮다

_앤드류 가필드처럼 느낌적인 느낌으로

〈어메이징 스파이더맨〉의 주연 배우들이 내한했을 때였다. 앤드류 가필드와 엠마 스톤의 등장은 레드카펫 행사의 열기를 더했다. 이 영화를 촬영하면서 실제 연인으로 발전한 두 주연 배우는 사랑에 빠져서인지 아주 행복해 보였다. 물망에 올랐던 많은 배우 중에 스파이더맨으로 뽑힌 앤드류 가필드는 인생에서 가장 행복한 시기를 보내고 있다고 했다. 처음 스파이더맨 복장을 입어보던 날 눈물이 날 정도였다고. 세계가 인정하는 히어로 캐릭터 중 하나를 연기하기 위해 어떤 노력을 했는지 물었다.

To be more flexible, I learned yoga and pilates.

Have you always been athletic?

Umm… Ish.

좀 더 유연해지기 위해 요가와 필라테스를 배웠어요.

운동신경이 좋은 편인가요?

음… 그런 편이었어요.

앤드류 가필드가 말한 Ish.라는 말은 무언가에 대해 뭉뚱그려 말하고 싶을 때, 경계선이 희미한 무언가에 관해서 이야기할 때 쓰기 좋은 표현이다. 막상 영화 속 그는 운동신경이 보통 좋은 정도가 아니었어서 그의 대답이 의아하긴 했지만 많이 겸손한 사람이라고 이해하기로 했다.

모든 것을 명확하게 정의할 수 있다면 좋겠지만 사실 우리가 사는 현실은 무 자르듯 명쾌하지 않다. 어떨 땐 사람, 시간, 환경 등에 따라 매번 달라지는 게 오히려 경계선이 더 많아 보이기도 한다. 바닷가에서 노을 지는 풍경만 봐도 그렇다. 아직 푸르스름해, 보랏빛이야, 하늘이 불그스름해, 이젠 완전 노랗게 됐어 등 그때 그 순간에 각자 본 아름다움이 있다. 빨강 red, 주황 orange, 노란 yellow로 설명하기에는 아쉽기도 할뿐더러 정확하지도 않다. '느낌적인 느낌'으로 말해야 그때의 장면과 기분과 분위기를 잘 전달할 수 있는 때도 있는 법이다. 어쩌면 우리 삶엔 간단하고 정확한 말보다 모호하지만 진심인 말이 더 맞는 순간이 많지 않을까.

이럴 때 필요한 말이 -ish이다. '대~충'인 것 같아도 마음에 확 와닿도록 설명해준다. 홈쇼핑 방송에서 쇼호스트가 스웨터를 보여주며 '색상이 너무 아름다워요, 회색도 보이면서 초록색도 섞인 것이 조화롭네요' 하며 색상을 강조하는 걸 본 적 있다. 누군가가 What color is the sweater? 그 스웨터는 무슨 색인가요?라고 묻는다면 어떻게 대답해야 할까. It's gray, It's green. 하는 것보다 It's grayish with little bit of green. / It's grayish and greenish color.라고 해야 좀 더 정확하게 의미를 전달할 수 있다.

일상에서 대화할 때도 ish는 많이 쓰인다. 약속 장소에 먼저 와 있는 친구에게 What time did you get here? 언제 여기 온 거야? 하고 물었을 때 I arrived at 6:57. 6시 57분에 도착했어라고 정확하게 말하는 경우는 별로 없다. 보통 그 시간이면 '7시쯤 도착했어'라고 말하는데 영어로는 I got here 7ish? 나 7시쯤 왔을걸? 하고 말하면 된다. 약속을 잡을 때도 마찬가지다. I will see you at 4ish. 내일 4시쯤 만나자, See you tomorrow at noonish? 내일 12시쯤 볼까?라고 제안해보자.

시간과 비슷한 맥락으로 나이를 말할 때도 쓸 수 있다. 다른 사람의 나이를 추측할 때 I think he's 51 years old. 저 사람 51세 같아! 하기보다는 50세 정도로 말하고 싶을 때 –ish를 사용하면 된다. He looks 50ish I guess. 내 생각에 그분은 쉰 살 정도 되신 것 같아.라고 답할 수 있다. How old did she look? 그 여자는 몇 살 정도 같아, 30… ish? 서른 살… 정도?처럼 대답할 때 약간 텀을 두고 말하면 정말 모르겠거나 불확실하지만 추측해본다는 의미도 전달된다.

ish는 일상에 유용하게 사용되는 말인 만큼 어느 단어도 붙이지 않고 단독으로 사용하기도 한다. 격식 있는 표현은 아니라 비즈니스 미팅에서는 사용할 수 없지만 원어민과의 대화에서는 재밌게 사용할 수 있다. Are you busy right now? 지금 바빠?, Ish. 응, 안 바쁘진 않아.처럼 상황을 설명하거나, Is he good-looking? 그 사람 잘생겼어?, ISH~ 응, 그런 편이야. 호감형이야. 정도로 상태도 설명할 수 있다.

'~즈음' '대충' '~정도'의 느낌을 물씬 살릴 수 있는 표현에는 or so도 있다. 정확하지 않은 시간이나 숫자 등에 붙이면 된다. 만약 방에 사람이 100명 정도 있을 때 우리가 하는 정석 표현은 There's about 100 people.이다. or so를 사용한 같은 뜻의 There's 100 people or so.는 원어민이 좀 더 자주 쓰는, 대화에 자연스러운 표현이다. We have to leave in 30 minutes or so. 30분 정도 안에는 출발해야 해.처럼 딱 떨어지는 숫자가 아닌 대략적인 느낌을 살릴 때 쓰면 된다.

자잘한 시간 약속부터 크게는 취향이나 마음에 관한 이야기까지,

돌이켜보면 분명하지 않은 일을 섣불리 단정하면서 오해가 쌓인다. Black 혹은 White라고 정확하게 말하는 것만 연습한 사람이라면 특히 유의해야 할 상황이다. 애매하면 애매한 대로, 느낌적인 느낌을 공유하는 시간을 충분히 갖자. 의미의 경계선이 희미해져야 비로소 뚜렷해지는 순간이 있으므로.

최근 '무슨 느낌인지 알지?' 하고 물었던, 들었던 일은 무엇인가요?

파이팅 대신 OWN IT!

☐ It's grayish with little bit of green.

회색빛이 돌면서 초록빛도 도는 색깔입니다.

☐ It's grayish and greenish color.

☐ I got here 7ish? 나 7시쯤 왔을걸?

☐ I will see you at 4ish. 내일 4시쯤 만나자.

☐ See you tomorrow at noonish? 내일 12시쯤 볼까?

☐ He looks 50ish I guess. 내 생각에 그분은 쉰 살 정도 되신 것 같아.

☐ 30⋯ish? 서른 살⋯ 정도?

☐ Ish. 응; 그런 편이야.

☐ There's 100 people or so. 100명 정도 있어.

☐ We have to leave in 30 minutes or so.

대략 30분 안에는 출발해야 해.

☐ I plan to stay a week or so. 한 일주일 정도 머물 생각이에요.

☐ You know what I mean, right? 무슨 느낌인지 알지?

My ears are tickling!

별자리, 혈액형, MBTI부터 빨간색으론 이름 쓰면 안 된다는 등 과학적 근거는 없지만 괜히 마음이 끌리는 대중적인 미신은 어디에나 있다. 실제로 외국인도 소개팅하거나 새로운 친구를 만나면 종종 별자리를 묻고, 숫자 13에 대한 안 좋은 인식을 갖고 조심하기도 한다. 생활에서 자주 마주하는 미신들을 심각하게 받아들일 필요는 없지만 적어도 어리둥절하지 않을 정도로 알면 더욱 자연스럽고 재밌게 이야기 나눌 수 있다. 정말 현지인으로 살지 않으면 알기 어려운 미신을 모아봤다.

My ears are burning!

미신도 적절할 땐 재미가 된다

_조니 뎁처럼 나무를 두드리자

아이돌, 뷰티 크리에이터 등 최근에는 남성도 아이라이너를 하는 게 이상하지 않지만 불과 몇 년 전만 해도 낯선 모습이었다. 조니 뎁은 유행하기 전부터 아이라이너를 그렸고 아이라이너가 무척 잘 어울리는 사람이다. '캐리비안의 해적' 시리즈의 잭 스패로우처럼 조니 뎁도 신비롭고 멋져 볼 때마다 놀라움을 자아냈는데 첫 인터뷰 때도 그랬다. 영화 〈투어리스트〉 홍보 인터뷰를 위해 파리에서 그를 처음 만났다. 만나자마자 "안녕하세요" 하고 한국어로 인사를 건넸는데 나를 따라 인사한 그의 발음이 너무 정확했다. 나도 놀라고 시청자들도 놀라 한동안 그의 연관 검색어는 '풍양 조씨'였다. 한국말을 너무 잘하니 '조니 뎁이 사실은 풍양 조씨 성을 가진 한국 사람 아니냐'는 농담이었다. 잔잔하고 굵은 목소리로 어떤 말을 해도 다 멋있지만 한국어로 화제가 되니 나까지 새삼 뿌듯했다.

그 후 그가 주연한 디즈니사의 영화 〈론 레인저〉를 이야기하기 위해 다시 만났다. 서부시대 액션극에 잘 어울리는 뉴멕시코주의 산타페라는 작은 도시에서 인터뷰했는데, 서부 영화 속에 들어와 있는 듯 아주 아름다웠다. 역시나 유창한 발음으로 완벽한 한국어 인사를 건넨 그에게 영화 이야기를 들었다. 촬영 중 스턴트 말에서 떨어져 끌려가는 위험천만한 상황이 있었는데 영화 내내 함께했던 말이 알아서 그를 보호해 다치지 않았던 이야기, 촬영 내내 해야 했던 두터운 분장 메이크업 등 다양한 에피소드를 들었다. 그의 작품은 한국에서 언제나 흥행을 거두는 편이었는데 이번 영화의 예상 성적은 어떨지 물었다. 그는 "1위 하겠지?" 하다 "농담이야, 숫자를 이야기하는 건 약간 내 징크스예요. 이 질문에는 답 안 할게요. I don't want to jinx it. 부정 타기 싫어요" 했다. 동시에 앉아 있던 의자의 손잡이 부분을 콩콩콩 두드렸다.

조니 뎁은 왜 의자를 두드렸을까. Knock on wood라고 하는 이 행동은 보통 무언가 말해 놓고 괜히 그 말 때문에 어긋날까 봐 걱정스러운 마음에 하는 Undo jinx 징크스를 정상으로 돌리기, 무효로 하기 행동이다. 영화나 미드에서도 나무로 된 벽, 테이블, 지팡이 등을 가볍게 두드리는 모습을 자주 볼 수 있다. 우리가 어릴 적에 했던 말을 취소하기 위해 '퉤퉤퉤' 하던 것과 비슷하다.

그러나 조니 뎁이 나무를 더 세게 두드렸어야 했던 걸까. 이 영화는 주변에 본 사람이 거의 없을 정도로 한국에서 흥행하지 못했다. 수많은 배우와 작품을 마주했고, 모든 작품이 흥행할 수 없다는 사실도 잘 알지만 유달리 조니 뎁의 흥행 스코어는 기억에 남았다. 그가 미신을 따르고 싶을 만큼 대중의 평가 앞에서 긴장하고 이번 작품에도 진심이었음을 느꼈기 때문일 테다. 그 특유의 진하고 깊은 눈매, 굳게 다물 때면 단단한 입매는 분위기를 쉽게 묵직하게 만들곤 했지만, 그런 사람이 콩콩콩 하며 웃겼기 때문일지도 모른다. 웃음의 힘을 실감하는 동시에 대화란 결국 상대방의 모든 것에 주목하는 행위라는 것도 새삼 되새겼다. 말한 사람의 표정이나 상황, 행동에 따라 말의 무게나 분위기가 달라지고 반어법처럼 전혀 다른 의미가 되기도 하니까. 그래서 대화하는 게 어렵기도 하지만 그게 또 대화의 묘미이기도 하다. 조금이라도 더 즐겁게 대화하기 위해서, 흘러가는 순간을 포착하기 위한 방법이 Undo jinx 행동이니만큼 잘 익혀두면 좋다.

튀튀퉤, Knock on wood만큼이나 우리에게 익숙한 미신이 영어권에도 있다. 대표적으로 '찌찌뽕'을 들 수 있다. 옆에 있던 사람과 우연히 동시에 같은 말을 하자마자 서로를 마주 보며 Jinx!라고 외쳐야 한다. 같은 말을 동시에 하는 건 불운이라고 여기기 때문에 옆 사람보다 먼저 외치는 게 포인트다. Jinx는 우리가 흔히 알고 있는 '징크스'인데, 발음은 '징-ㅆ' 정도로 하는 게 맞다.

우리도 어렸을 적 자주 했던 Five-second rule이라는 것도 있다. 음식이 땅에 떨어졌을 때 5초 안에만 다시 주워 먹으면 더럽지 않다, 괜찮다는 약간은 억지스러운 미신이다. 직접 말하는 상황은 되도록 없어야 하고 영화 속 캐릭터가 바닥에 떨어진 무언가를 다시 입으로 가져가며 왜 Five-second rule!이라고 외치는지 알아두는 용도로만 활용하자.

바닥에 떨어진 것 중에 꼭 주워야 할 것은 1센트짜리 동전이다. 우리 돈의 10원 같은 느낌으로 실생활에선 쓸 일이 거의 없지만 Lucky penny라고 부르며 행운의 상징으로 여긴다. 네잎클로버를 찾으면 행운이 온다고 믿는 것처럼 자연스럽고 당연하게 행운의 1센트라고 받아들인다. 길을 가다 떨어져 있는 1센트짜리 동전을 발견하면 Good luck! 하고 잽싸게 줍자.

신체적인 증상으로 나타나는 미신도 있다. 갑자기 귀가 간지러워 '누가 내 이야기하나 보다' 했는데, 마침 만난 친구들이 '호랑이도 제 말 하면 온다' 했을 때. 근거는 없지만 우리나라를 넘어 외국에서도 이런 상황에 대한 표현이 있는 걸 보면 사실이지 않을까 싶을 정도다. 다른 점이 있다면 '간지럽다'는 말 대신 burning을 써 My ears are burning.이라고 말한다. 그 사람의 귀가 타오를 정도로 그를 이야기하고 있는데 당사자가 나타났을 때 우리는 호랑이를 찾지만 원어민들은 악마를 찾으며 Speak of the devil. 이라고 한다. Did you know today is Angela's birthday? Speak of the devil! 오늘 엔젤라 생일인 것 알았어? 오! 호랑이도 제 말 하면 온다더니 저기 왔네! 하고 활용할 수 있다. 악마에 대해서 자꾸 말하면 진짜 악마가 나타난다는 데서 나온 말인데 일상에서 가볍게 사용하면 된다. 그 자리엔 없지만 꼭 와줬으면 하는 친구가 있다면 간절한 마음으로 '귀를 불태우고', 소환해보자.

너무 자주 써서 미신이라고 하기엔 민망하지만 정말 믿고 싶은 말도 있다. 바로 Bless you./God bless. 복 받으세요라는 말이다. 주변에 있는 사람이 재채기할 때는 언제나 이 말을 건네야 한다. 대화를 시작하자는 것이 아니라 그냥 스쳐 지나가듯 말하고 끝내면 된다. 지인은 물론 모르는 사람이 재채기할 때도 자동으로 하는 말이고, 상대방도 Thanks 하거나 가볍게 눈인사하며 당연하게 받아들인다. 누군가 재채기를 해도 크게 반응하지 않는 우리에게는 익숙하지 않지만 상대방에게 관심을 표하는 가장 쉬운 방법이기도 하다. 대화는 작은 관심, 작은 재미로부터 시작될 수 있다.

당신의 징크스는 무엇인가요?

☐ I don't want to jinx it. (주변의 나무를 3번 두드리며) 부정타기 싫어요.

☐ Five-second rule! (음식이 땅에 떨어졌더라도) 5초 안에 먹으면 괜찮아!

☐ Lucky penny! (길에서 발견한 1센트짜리 동전을 주으며) 행운이 오겠는데!

☐ My ears are burning. 누가 내 이야기하는 것 같은데.

☐ Oh! Speak of the devil! 호랑이도 제 말 하면 온다더니!

☐ Bless you. (누군가 재채기했을 때) 복 받으세요.

☐ God bless. (재채기한 사람에게) 행운을 빌어요.

Me, too.

플렉스, 욜로 등 외국어이지만 우리나라에서 더 자연스럽게 사용되는
말이 있듯 미국 현지에서도 자연스럽게 쓰이는 프랑스어, 스페인어 등이
있다. 우스갯소리로 미국에서 스페인어만 해도 생활이 가능하다는
말을 할 정도다. 외래어라는 인식 없이 그만큼 자연스럽게 쓰고 있다는
의미다. 다양한 국적만큼이나 다양한 외래어를 익힌다면 더 많은 사람과
자연스럽게 지낼 수 있지 않을까. 영어인 척하는 외래어를 모아봤다.

Ditto!

다양한 인종만큼 외래어도 빛난다
_월 스미스처럼 외래어를 쓰자

〈더 프레시 프린스 오브 벨 에어〉라는 미국 시트콤이 있다. LA에 있는 부자 친척 집에 얹혀살게 된 월을 중심으로 펼쳐지는 코미디인데 90년대에 큰 인기를 끌었다. 당시 주연이었던 월 스미스는 그 뒤로 〈맨 인 블랙〉 〈나는 전설이다〉 등에서 배우로 인정받기 시작했고, 래퍼로서 그래미 상도 받으며 다재다능인임을 증명했다. 그런 아버지를 쏙 빼닮은 제이든 스미스와 함께 출연한 영화 〈애프터 어스〉 덕분에 이 부자父子를 만났다. 함께 연기한 소감을 물었다. 아들은 '아버지는 좋은 연기 스승'이라며 월 스미스를 자랑스럽게 여겼다. 월 스미스는 좀 더 현실적으로 답했다.

Sometimes he gets grumpy with me and it's vice versa. But I loved working with my son.

파이팅 대신 OWN IT!

아들이 가끔 예민해질 때가 있어요, 나도 마찬가지죠. 그래도 아들과 함께 일하는 게 너무 좋았어요.

윌 스미스는 family man으로 유명하다. 역시 배우이자 아내인 제이다 핀켓 스미스와는 오픈 메리지 관계로, 개성 강한 세 자녀들을 있는 그대로 존중하며 애정을 표하는 데 주저하지 않는다. 가족 간의 일을 제삼자가 속속들이 알 순 없고 윌 스미스도 나름의 어려움을 겪겠지만, 그가 vice versa를 자주 언급하는 것을 보며 믿을 수 있었다. vice versa한 태도가 지금의 그와 그의 가족을 만들었다고 말이다. vice versa는 라틴 구절로, '반대여도 같은 이야기'라는 의미다. 윌 스미스는 아들도 자신도 때론 예민한 똑같은 사람이고, 아들이 그럴 때 자신이 배려한 것처럼 자신이 그럴 때 아들도 자신처럼 행동할 거라고 믿었다. Me, too. You, too. 나도 그렇고, 너도 그래라고 말해도 의미는 통하겠지만 어쩐지 그가 말하는 vice versa에는 어떤 상황에서도 역지사지할 것 같은 배려심이 느껴졌다.

외래어라는 게 그렇다. 우리말로도 어떻게든 순화하고 표현할 수 있겠지만 그 말이어야 오롯이 전달할 수 있는 게 있다. 우리나라뿐 아니라 영어권에서도 자주 사용되는 프랑스어 데자뷔Déjà vu를 예로 들어보자. 처음 겪는 게 분명한데도 왠지 이미 경험한 것 같은 느낌이 들 때 이 말을 쓴다. 예전에 본see 것 같아, 한do 것 같아, 들은hear 것 같아 등 순화해서 구체적으로 말할 수도 있겠지만 하나의 감각으로는 표현할 수 없는 복잡하고 혼란스럽고 신비로운 느낌은 '데자뷔'만이 전할 수 있다. 외래어는 단순히 의사전달만 하는 게 아니라 분위기를 만든다. 그 분위기에 맞는 감정, 목소리 톤, 표정도 함께 익히면 마냥 어려운 말들도 아니다.

조금은 사랑스럽고 즐거운 분위기를 만들어주는 외래어부터 익혀보자. 영화나 미드를 보다 보면 종종 들을 수 있는 말 중 하나로 Voila!가 있다. 'Vu-알라'라고 발음하는 프랑스어인데 우리도 흔히 쓰는 '짠~'이라는 의미에 가깝다. 친구에게 준비한 선물을 건네며 "짠~ 생일 축하해!" 할 때, 정성스럽게 준비한 음식을 테이블에 내놓으며 "짜잔~ 맛있겠지!" 할 때 쓰면 된다. 무언가를 보여주거나 건넬 때 Here you are! / Here you go. 자- 여겼어라고만 하면 재미도, 긴장감도 없는 반면 voila를 사용하면 분위기가 달라진다. 자신의 정성이 담긴 선물 등으로 상대방에게 기쁨을 주는 것은 물론 현장에 있는 모두에게 즐거움도 줄 수 있다.

특별한 이벤트가 없더라도 인사말에서부터 즐거운 분위기를 전할 수 있다. 학창시절 학생들에게 Mr. Garcia라고 불리는 분이 계셨다. 주로 학교 시설을 수리하거나 청소를 도와주시는 분이었다.

파이팅 대신 OWN IT!

멕시코 출신으로 영어를 거의 못하셨지만 아침마다 교문에 서서 스페인어인 "Buenos Dias!" 좋은 아침이에요라고 외치며 환한 미소로 학생들을 맞이해주셨다. 그도 Hi, Hello, Good morning 하며 인사할 수 있었겠지만, 자신에게 잘 어울리고 즐거운 분위기를 잘 전달할 수 있는 인사말임을 알았을 거다. 다양한 인종과 언어를 접할 수 있고, 영어인 척 슬그머니 일상 곳곳에 들어와 있는 외국어도 많은 미국이기에 자연스러운 일이기도 했다.

간단한 대답에도 좀 더 다정한 분위기를 더해보자. Me, too. 나도 그래 대신 Ditto라고 답하면 된다. 원래 이탈리아어인데 편한 사이에서 주고받는 말이다. 예를 들어 I feel like some ice-cream. 아이스크림이 당기는데라는 말에 Ditto! Let's go get some. 나도! 먹으러 가자라고 활용할 수 있다. 가수 캐시Cassie Ventura가 부른 노래 〈Ditto〉에도 이 말이 자주 나온다. '나도 그래, 나도 당신이 그리워, 나도 당신을 사랑해'라는 의미의 Ditto를 여러 번 듣다 보면 달달하고 다정한 분위기까지도 익힐 수 있다.

프랑스어인 Touché는 패배를 인정하고 사과하면서도 분위기까지 챙길 수 있다. '한 방 먹었다'는 의미다. 원래는 펜싱 용어로 펜싱 경기 중 상대방의 칼에 맞은 사람을 보고 Touché라고 외친다. 미국 드라마나 영화에서는 주로 말싸움하는 장면에서 이 말을 들을 수 있다. 상대방이 옳은 말만 해서 내가 할 말을 잃었을 때 상대방이 맞다고 인정하는 의미에서 한 방 먹었다고 표현한다. 예를 들어 이런 상황이다. Angela, you are late! 엔젤라 너 늦었어! I'm sorry, but you didn't show up at all yesterday! 미안해, 근데 넌 어제 아예 오질 않았잖아? Touché. sorry. 그래, 맞는 말이네. 미안 하는 식이다.

Capeesh는 Do you understand? 알아들었어?, Do you get it? 알겠냐?의 뉘앙스로 약간은 무례한 표현이다. 영화 속에서 상사가 부하 직원에게 명령을 내리며 하는 말인데, Capeesh?라고 물으면 Capeesh!라고 대답한다. 정말 친한 사이에 농담 섞어 하는 대화가 아닌 이상 함부로 사용하면 안 된다. 만약 모르는 사람이나 점원이 이 말을 내게 한다면 무례를 범한 상황이므로 Please be polite. 예의 좀 갖춰주세요라고 말하자.

Thank you 대신 Gracias를, friend 대신 Amigo를, 초대 문화가 익숙해 자주 주고받는 말인 My house is your house. 네 집처럼 편히 지내 대신 Mi casa su casa를 쓰는 등 외래어 표현은 어디에나 있다. 영어와는 발음이 사뭇 다른 만큼 좀 더 다정하고 친근한 리듬을 넣어 사용하면 된다. 이런 외래어를 주고받을 수 있는 사람이 늘어날수록 자신의 언어 세계도 넓어지고 있을 것이다.

발음이나 표현이 재밌다고 느껴지는 외래어는 무엇인가요?

☐ Vice versa. 반대로도 마찬가지예요.

☐ She's always there for me. and vice versa!

그녀는 힘들고 어려울 때 항상 내 곁에 있어주는 사람이에요. 저도 그렇고요.

☐ Voila! Here you are! 짜잔~ 너를 위해 준비했어!

☐ Touché. sorry. 맞는 말이네, 미안.

☐ The party was a fiasco. 파티는 망했어.

☐ My presentation was a total fiasco today. 오늘 발표를 망쳤어.

☐ Gracias. 고마워요!

☐ Amigo! 친구야!

☐ Mi casa su casa. 네 집처럼 편히 지내.

I think everything happens for a reason.

'최고보다 최선을' '부지런한 자가 성공한다' 등 삶의 좌우명 하나쯤은 있기 마련이다. 외국인들도 마찬가지다. Motto, 즉 좌우명이나 명언을 늘 곁에 두고 다양하게 활용하는 만큼 영어로도 멋진 말 하나쯤은 알아두는 게 어떨까. 좌우명이 없다면 이번 기회에 하나 정해보는 것도 좋겠다. 인상 깊은 소개말이 될 수도, 적절한 상황에서 값진 조언이 되기도 할 것이다. 우리말을 영어로 직역한 것보다 더 빠르고, 정확하게 전달하는 표현들을 통째로 익힌다면 좀 더 자연스럽게 소통할 수 있을 것이다.

When life gives lemons, you should make lemonade.

말하는 대로 될 수 있다고 믿으며

_스칼렛 조핸슨처럼 좌우명을 가져라

어벤져스 시리즈 등 많은 영화에서 다양한 모습을 보여주는 배우 스칼렛 조핸슨. 그만큼 인터뷰도 여러 번 했지만 〈우리는 동물원을 샀다〉로 만났을 때가 기억에 남는다. 당시 라이언 레이놀즈와의 이혼 보도가 나온 지 얼마 되지 않았기 때문이다. 예민해져 있을까 봐 걱정했는데 그는 역시 프로였다. 폐장 직전의 허름한 동물원을 구입한 한 가족과 사육사의 희망적인 모험 이야기를 담은 영화의 밝은 분위기가 인터뷰 현장에 고스란히 스며드는 듯했다. 사육사 역할을 맡은 그에게 영화 속 주인공 가족처럼 힘든 상황에서도 포기하지 않는 스타일이냐 물었다.

You know, I believe that when life gives you lemons, you should make lemonade.

저는 삶이 우리에게 시련을 준다고 해도 그런 것들에 다 배울 점이 있다고 생각해요.

레몬을 한 입 깨문다고 상상해보자. 시큼해서 얼굴이 찌푸려진다. 우리가 흔히 말하는 인생의 쓴맛을 영어에서는 레몬에 비유한다. 이런 레몬으로 레모네이드를 만들어 마신다면? 시원하고 달달한 맛에 저절로 기운이 나고 행복해질 것이다. 인생의 단맛을 레모네이드에 비유한 것이다. 인생에서 힘든 일lemon이 생겨도, 그 일을 기회로 더 성장하자lemonade는 스칼렛 조핸슨의 말은 우리말의 전화위복과 같은 의미다. 당시 그가 개인적으로 힘든 일을 겪었기 때문에 그런 대화를 나눌 수 있었다곤 생각하지 않는다. 평소에도 늘 그런 태도로 살아왔기에 지금의 배우 스칼렛 조핸슨이 있었을 테니까.

외국인들도 글을 쓰거나 대화할 때 속담이나 명언을 자주 사용하는데 그에 비해 우리가 영어로 속담이나 명언을 익히려는 노력은 적은 것 같다. 문화가 다르므로 사는 방식, 사고방식도 달라 완전히 새로운 것을 익혀야 한다고 지레 겁먹기도 한다. 문화가 달라 표현에 차이가 있는 건 맞지만 사실 외국인이든 우리든 사는 모습은 비슷하다. 상대방에게 지켜야 할 것, 인간으로서 해야 할 것, 그렇지 않았을 때의 반응 등 세계는 통하는 법이다. 영어 표현 통째로 익혀두기만 하면 우리에게도 익숙한 상황에 쉽게 사용할 수 있다.

예를 들어 소개팅을 다녀온 친구가 '말은 잘 통했지만 외모가 내 스타일이 아니야'라고 한다면 우리는 뭐라고 이야기할까. 외모만 보고 판단하지 말라고 할 것이다. 영어로 이 말을 직역해서 'Don't judge by the appearance.'를 떠올리기 쉽지만 실생활에서는 Don't judge a book by its cover.라고 말한다. 예쁜 표지를 보고 샀지만 결국 한두 페이지만 읽고 책장에 꽂아둔 책, 반대로 표지는 예쁘지 않지만 내용이 알차 두고두고 여러 번 보는 책처럼 사람도 마찬가지다. 겉모습이 멋지고 아름답다고 해서 반드시 좋은 사람은 아니고, 반대로 겉모습이 별로라고 해서 사람도 별로인 것은 아니라는 말을 단지 책에 비유했을 뿐이다. 모든 게 화려한 요즘 시대에 겉모습만 보고 판단하지 말아야 할 것은 책, 사람만이 아니라 전 세계 어디에나 있으니 한번 익혀두면 여러 번 사용할 수 있다.

또 많이 쓰는 표현으로 What goes around comes around.가 있다. 직역하면 '가는 게 온다'인데 '주는 대로 돌려받는다'는 의미에 가깝다. 저스틴 팀버레이크의 유명한 노래 제목 역시 〈What goes around comes around〉인데 바람을 피운 여자친구에게 '너도 똑같이 벌받을 거야'라는 의미다. 우리말의 인과응보에 가깝다. TV를 보다가 나쁜 일을 저지른 사람이 벌을 받았다면 What goes around comes around. 벌받았네라고 말하며 사용할 수 있다.

평소 자신이 좋아하는 말이나 좌우명을 영어 표현으로 익혀두는 것도 좋은 방법이다. 개인적으로 Go with the flow.라는 말을 좋아하는데 flow에서 볼 수 있듯 '흐름'을 생각하면 된다. 나아지지 않는 상황에 우울해하고 연연하기보다 '될 대로 되라지' 하는 마음을 먹고 순리에 맡기라는 의미다. 힘든 상황에 스트레스 받으며 전전긍긍하는 자신이나 지인에게 Don't worry, just go with the flow!라고 한마디 건네보는 건 어떨까. '걱정 마, 다 잘될 거야'의 느낌으로 말이다. 꼭 안 좋은 상황을 이겨내는 데에만 쓰기보다는 의미 그대로 가볍게 써도 좋다. 평소에 즉흥적인 걸 좋아하는 사람이라면 '여행 준비는 잘되고 있어?' '이번 일은 어떨 것 같아?'라는 질문에 이렇게 답하면 잘 어울릴 것이다. I'm just gonna go with the flow when I get there. 그냥 거기 가서 되는 대로 움직이려고. 무계획이 최고야!

영어도, 삶도 '절대'라고 단정 짓지 않고 흐름에 맡기는 게 포인트다. 어렸을 적부터 영화와 미드 보는 것이 취미였고 할리우드 배우들을 덕질하는 게 삶의 낙이었다. 그러면서도 그들과 얼굴을 마주하고 대화할 날을 상상해본 적은 단 한 번도 없었다. 과거의 나에게 그런 날이 올 것 같냐고 물었다면 '절대! 그런 일은 없을 거야'라고 말했을 거다. 하지만 어느덧 11년째 이 일을 해오면서 떠오르는 말은 역시 Never say Never. 절대 안 된다고 하지 마이다. 모든 것이 계획대로 술술 풀리지 않을 때가 많지만 그래서 생각지도 못한 뜻밖의 행운이 찾아오기도 하니까. 친구들과 이야기를 나누다 부정적인 생각이 꼬리를 물며 용기를 잃을 때면 서로에게 이 말을 상기시켜준다. Never say Never. 인생은 알 수 없어. 절대란 것은 없다고! 하며 오늘도 다짐하고 하루를 살아간다.

Seize the day. 인생을 즐겨라, If you can't beat them, join them. 피할 수 없다면 즐겨라, Well begun is half done. 시작이 반이다 등 평소 우리가 흔히 쓰는 말과 일맥상통한, 자신의 삶과 태도에 잘 어울리는 영어 표현이 많이 있다. 이런 표현들을 그때그때 찾아보고 익혀두면 어느새 자신의 삶에 영어가 차지하는 비중이 확연히 늘어나 있을 것이다. 현재 상황을, 특정 시기를, 인생을 관통하는 짧은 한마디는 때론 긴 말보다 울림이 큰 만큼 더 오래 기억에 남는다. 일단 현재 SNS나 메신저 상태 메시지에 적어 놓은 말 밑에 영어 표현도 더해보는 건 어떨까. 영어로도 한 번 더 말한 만큼 말하는 대로 이루어질 가능성도 커지지 않을까.

당신의 좌우명은 무엇인가요?

☐ When life gives you lemons, you should make lemonade.

삶이 시련을 준다고 해도 다 배울 점이 있다고 생각해요.

☐ Don't judge a book by its cover. 겉모습만 보고 판단하지 마세요.

☐ What goes around comes around. 주는 대로 돌려받는다.

☐ Don't worry, just go with the flow! 걱정 마, 그냥 흘러가는 대로 맡겨!

☐ I'm just gonna go with the flow. 흘러가는 대로 맡기려고!

☐ Never say Never. 무엇이든 '절대'란 없어.

☐ Seize the day. 인생을 즐겨라.

☐ If you can't beat them, join them. 피할 수 없다면 즐겨라.

☐ Well begun is half done. 시작이 반이다.

☐ Good vibes only. 좋은 것들만 생각하자.

☐ Do good and good will come to you.

좋은 일을 하면 당신에게 좋은 것들이 다가올 거예요.

☐ Dream as if you live forever, live as if you'll die tomorrow.

영원히 살 것처럼 꿈꾸고 내일이 마지막인 것처럼 오늘을 살자.

대화란,
상대방의 이야기를 듣고,
나의 이야기를 전하고,
우리의 이야기를 만드는 것.

무슨 이야기를 나누고 싶나요?

평소 신경 쓰는 패션 아이템은 무엇인가요?

처음 알게 된 순간은 언제인가요?

'요즘' 어떻게 지내나요?

헤어지며 꼭 해주고 싶은 말은 무엇인가요?

가장 나다운, 가장 그 사람다운 호칭은 무엇인가요?

'요즘' 제일 관심 있는 건 무엇인가요?

가장 고마웠던 일은 무엇인가요?

무엇을 하며 얼마나 시간을 보낼 수 있나요?

최근 당연하게 받았던 호의는 무엇인가요?

파이팅 대신 OWN IT!

매 글 말미에 적어두었던 질문들을 모았습니다.
상대방에게 가장 잘 어울리는 질문을 골라보고
영어 표현을 익혀 이야기 나눠보세요.

나의 영어로 진짜 나를 말하세요.
자신에게 가장 익숙하고 어울리는
이름, 속도, 감정, 생활 등 있는 그대로 보여줘도 괜찮습니다.
당신과 대화하는 상대방도
있는 그대로의 당신을 알고 싶을 거예요.

가장 나다운 호칭은 무엇인가요?

꼭 자랑하고 싶은 한국 문화는 무엇인가요?

나의 한국어 말투, 외국어 말투, 무엇이 다른가요?

최근 받았던 칭찬의 말에 어떻게 답했나요?

화를 누그러뜨린 사과의 말을 들어본 적 있나요?

습관처럼 익히고 싶은, 인상 깊은 매너는 무엇인가요?

파이팅 대신 OWN IT!

매 글 말미에 적어두었던 질문들을 모았습니다.
자신의 모습, 말투, 감정, 버릇 등을 생각하며
가장 나다운 영어 표현을 익혀 이야기 나눠보세요.

(편집 가능한 노트 선들)

파이팅 대신 OWN IT!

2022년 1월 21일 초판1쇄 발행

지은이 김엔젤라

펴낸이 권정희
책임편집 이은규
편집 강현호
마케팅 박선영
디자인 김경미

펴낸곳 ㈜북스톤
주소 서울특별시 성동구 연무장7길 11, 8층
대표전화 02-6463-7000
팩스 02-6499-1706
이메일 info@book-stone.co.kr
출판등록 2015년 1월 2일 제2018-000078호

ISBN 979-11-91211-55-9   (03190)

북스톤은 세상에 오래 남는 책을 만들고자 합니다. 이에 동참을 원하는 독자 여러분의 아이디어와 원고를 기다리고 있습니다. 책으로 엮기를 원하는 기획이나 원고가 있으신 분은 연락처와 함께 이메일 info@book-stone.co.kr로 보내주세요. 돌에 새기듯, 오래 남는 지혜를 전하는 데 힘쓰겠습니다.